讓歷史訴說

丁弘——著

一個老共產黨員的行腳觀點

不妨隨我去拜訪司馬遷、陶淵明、蘇東坡、曹雪芹、孔孟之鄉；去瞻仰鶴山坪、烏石、翠亨村這些政治倫理的制高點。作為黨員，應該去看看北京箭杆胡同二十號，上海漁陽里二號，那孕育和誕生黨的地方。當然延安，花明樓，韶山也可一遊。祖國山河壯美，黃山，黃河，長江，長城，日月潭，阿里山，可看的地方太多了。

序言

老眼如鏡　論事從容

蕭蔚彬

丁弘老出版《遊記》，文壇盛事，我深知他的文筆是群眾喜愛的。余忝為一個刊物的主編十餘載，為人作嫁衣，樂此不疲，冷暖自知。其間最感幸運者，乃結識了一批學問人品俱佳的師長輩，其中便有江蘇的丁弘先生。

未見其人，先讀其文，頓覺眼前一亮。延安景觀、韶山風物，世人皆知。丁老慕名前往，扶杖而遊，獨有得於心；歸而著文，娓娓道來，於平淡樸實敘事之中，特見冷靜深邃之思考，讀來確乎耐人尋味。老人在「滴水洞」前的留影，也就從此刻在我腦海中：前額寬闊，白髮如銀，翩然智者也。

自茲而始，丁老的華章聯翩而至，令我心中大喜。數千字長文，頭一年就在《同舟共進》發了七八篇。智者引路，讀者隨行。於是，人們到烏石，流連瞻仰於彭大將軍留下的「心碑」之前；在花明樓，紛紜議論於共和國主席的慘死的沈痛話題之中；肅立於北京箭杆胡同二十號那個老屋，傾聽五四運動旗手「世紀呼喚」的回聲；徜徉於宿州城郊大澤鄉田野中，端詳揭竿而起者遠去的身影……隨行者在所見所聞之外，感受尤深的，是引路者廣闊的歷史視野，敏銳的批判眼光，深厚的人文精神，乃至獨具個性的敘述風格。嘗與編輯諸公言：不必看署名，讀其文而知其人也。《同舟共進》得此智者，與有榮焉。

及見其人，傾蓋如故。二〇〇三年深秋，借南京開會之隙，輕裝簡從，直奔南通。丁弘老早迎候於客舍，我亦一眼認出：銀髮飄拂眉眼慈祥，藹然長者也。「高山安可仰，徒此揖清芬。」我握住老人溫暖綿軟的雙手，感受著兩代人之間心與心的溝通。短短的一天時間，依然是長者引路，晚輩隨行。於是，我領略了河道縱橫、山水相映的這顆江海明珠的天然色彩；探尋了五山拱衛、濠河環繞的這座文化古城的人文底蘊。但讓我久久縈繞於心的，是一位滿懷理想的文人與他深情相依的城市的故事，其間有風和日麗的歡樂，也有淒風苦雨的痛苦……從坎坷曲折的故事中走出來的老人啊，在文峰塔畔秋日的映照中，是如此的從容淡定，如此的平和樂觀，依然充滿了對新故事的追求和思考。遇此長者，得以為忘年之交，亦三生有幸矣。

去歲末，丁弘先生攜夫人南來羊城，遂有緣再度相聚。我陪二老飲茶粵海，漫步雲山，盤桓竟日，不知黃昏之既近，但見夕陽之美好。此亦旅遊之樂也。祝賀丁老《遊記》出版，吟歌一闋，不禁贊曰：

崇山福地，水城南通；
人文薈萃，物阜民豐。
名士風流，八十老翁；

鶴髮童顏，夕陽猶紅。
老眼如鏡，論事從容；
大筆如椽，立言立功。
文峰塔下，不老青松；
傲然特立，美哉丁弘。

目次

旅途沈思

探訪陳獨秀

跟蹤先賢

行程萬里

旅遊札記

臺灣之旅

旅途

沈思

大澤鄉紀行
——漫談農民起義

這個遙遠的故事，人們多已置之腦後了。

兩千兩百年前，陳涉、吳廣有大澤鄉的起義。它如同一個「支點」，動搖了秦王朝的龐大的基石，歷史進入一個新階段……

我無意之間，來到了大澤鄉。

西元二〇〇〇年五月，和老伴安排一次「探親訪友之旅」，計劃自江蘇到安徽、至河南、至河北、後到北京，一站站短途走過去。十四日晚，開始從南通上船，溯江而上。次日晨到南京，然後乘火車，下午到安徽宿州。這是應約前去看望德玉弟和素華弟妹。

德玉弟從中學校長的位子上退下來，仍住在學校一隅，平房小院，花木扶疏，是最佳的民居。晚年，仍挑著書畫協會的工作，所以在他家盤桓兩天，除拜會師友之外，就是看他收藏的畫了。

第三天，我說：「我們要走了，前邊還有很多路呢！」他說：「不可，不可，再住幾天。」看留不住我們時，忽然說：「大澤鄉就在這城的東南。我來安排一下，明天一塊兒去看看。」他這話出我意料，使我頗為驚喜。沒想到童年時代即聞名的「大澤鄉」就在這兒。在漫長的封建社會裡，農民起義大小百餘次。這大澤鄉的發難是一個起點。司馬遷有《陳涉世家》記其事。「人以文傳」，這故事更廣為人知。德玉弟說：「我們在這兒幾十年，還沒去過呢！也不知還有什麼東西可以看看。總之，咱們去一趟。」

次日晨，侄兒小礎駕車送我們兄弟伉儷四人前往。車子出了城，很快轉入了鄉間公路。路比國道窄得多，倒也是黑色路面，正值夏收之時，不料農家各取一段借用，成了打穀場。汽車在一側，尋路而行，「法不責眾」。一路金黃，倒也是豐收的歡樂景象。

三十公里左右到達大澤鄉。這是一個大的村子，數百戶聚居。我們問一農民：「還有紀念陳涉吳廣起義的地方可以看看的嗎？」「有、有！在那邊，你們去看吧。」他指向村外的東南方向……

汽車居然可以開到一個甬道前。甬道寬四五米，沒有什麼雕飾，中間有一個高大的石碑，那是一個浮雕，畫面是兩個人，一個揮劍前刺，一個舉棒戰鬥。當然，一個是陳涉，一個是吳廣。有人問：「哪一個是陳涉，哪一個是吳廣？」說不清楚，時間太久了。

司馬遷在《史記》中說：秦王朝派九百人戍邊，過期即要斬首。可是，他們在大澤鄉遇雨，誤了行期，因此想到了造反。這正是「官逼民反」！司馬遷具體描寫這大澤鄉的烽火是怎樣點燃起來的。吳廣一再給「尉」（軍官）說，自己要逃走，激怒他，

陳勝吳廣起義紀念碑

使他先出手打自己，然後奪劍刺之。雕塑造型舉棒者可能是陳涉了，是說他率領大家揭竿而起了。

我們在這個紀念碑前攝影留念。

向前走，有一個土臺子，名為「涉故台」——陳涉當年點兵的臺子。高二、三米，上邊約有五、六百平方米的面積，一片青草，幾棵小樹。九百人的列隊是可以站得下的。這是當年陳涉他們造的臺子嗎？不得而知。難得當地農民還是完整地、原樣地放在這兒。是為了保護旅遊資源嗎？「旅遊」這個詞，這幾年才開始用起來，在這兒也沒有形成氣候。在漫長的「以階級鬥爭為綱」的年代裡，這兒應該是一個「聖地」。毛澤東說：「一些階級勝利了，一些階級失敗了，這就是歷史，這就是幾千年的文明史。」認為歷史就是階級鬥爭史，認為階級鬥爭是歷史發展、社會進步的火車頭。如此來說，大澤鄉的農民起義，是有史以來，農民起義之源。歷史地位的重要性可想而知了。

可惜，農民在無以溫飽時，拿不出錢來搞什麼建築，大澤鄉又不是東南沿海率先富起來的地方。正因此，這兒保持著樸實的原汁原味。這比建起輝煌的殿宇，應該說更好些。

鴻鵠苑

假如建起輝煌的建築，司馬遷那膾炙人口的歷史篇章，魯迅先生譽之為「無韻之離騷」，其中這篇《陳涉世家》是一定要鐫刻在殿堂之上的。太史公對這次農民起義，絕無貶義，相反列於「世家」之位，即「國別史」的地位，這不容易。封建統治者一般稱起義的農民為「匪」，為「寇」。因農民造反危及他們的專制統治。此風不可長呀！他卻肯定陳涉、吳廣抗擊暴秦的大方向，是大義凜然、威武雄壯地震撼了中華大地的。

更難得的是司馬遷史筆的客觀翔實，具體而形象。這使我們看到「農民起義」的生活畫面，使我們對「農民起義」的「義」又一再產生了尷尬的心情。

「苟富貴，勿相忘」。陳涉當年在田頭，和其他士卒講這話，頗有人情味。可是，起義之後，他當了「王」，對來訪的當年的窮哥兒們，他立即殺了。為什麼？因為他們知道的太多，不利於樹立自己的威望。「從寇而王」，要建立新的封建專制，殺知情者，殺功臣，勢所必然，成為規律。如此一來，封建社會「農民起義」的「義」打了折扣。

起義領袖發動群眾的手法是蠱惑群眾。把「陳勝王」三個字寫在布條上，放在大魚肚子裡，群眾大驚，「皆指目陳勝」了。在起義領袖的眼裡，群眾是被利用的工具。他們不過是想辦法愚弄群眾，控制群眾。這種觀點，是否和「義」又有點遠去了。

農民的運動是反抗壓迫和剝削的。但具體的人又有自己的想法。曰：「帝王將相寧有種乎！」這就是說他們能當帝王將相，我為什麼不能！在靈魂深處，早已和封建統治者一樣，高居於勞動人民之上，希望當一個壓迫者，只是暫時還沒有做到，在孜孜以求而已。

司馬遷講述這些故事，並無批判之意，不過是如實地給我們勾畫了「農民起義」真實畫面。千百年間，百餘次農民起義，沒有一次不是「從寇到王」這條路上的光景。直到二十世紀四十年代的解放戰爭，因是共產黨領導下的農民運動，才有了不同性質，有了勝利的可能。但是，因為源於「半封建」的社會，所以其中也難免有歷史上「農民起義」的一些「遺傳基因」。

例如，為了維護個人的專制，就要剷除礙手礙腳的戰友。當時，「權」在「法」、「理」之上，做法也就和當年的「賜死」差不多少。例如，需要利用群眾的落後愚昧，以建樹個人的權威，「萬歲」、「大救星」這些詞兒還很有用。相反，知識份子，有知識、有頭腦就叫人討厭。馬克思說：「無產階級由腦力無產階級和體力無產階級兩大部分組成。」我們則把知識份子，在很多年給帶上「姓資」的帽子，作為異己的力量。至於「帝王將相寧有種乎」，採取文學的形式，以更高的格調表述：「秦皇漢武略輸文采，唐宗宋祖稍遜風騷……」過去解釋「數風流人物，還看今朝」指人民群眾。這樣解釋在語境上不合邏輯。群眾怎麼和過去一個個帝王比文采和風流呢！「詩言志」才是真實。其實，作者在氣候成熟之後，早坦誠相告，說自己就是「馬克思加秦始皇」。

司馬遷的偉大之處，不是「議論帶史」，而是「實話實說」，記述生活的本身，而生活是常青之樹，從而給後人教益。

在「涉故台」之東，百餘米之遙，還有一個紀念館，周圍牆上有長城似的牆垛和射孔，如同一個不小的城堡。這種設計，形成戰鬥的氛圍。走近一看，館名為「鴻鵠苑」。這是最大限度、無保留地歌頌陳涉等起義的頭頭了。在《陳涉世家》中，記述陳涉自比鴻鵠，而說群眾是燕雀——「燕雀焉知鴻鵠之志哉」！當然這兒用鴻鵠一詞，也可以說是歌頌整個農民起義者。這兒有一個很大的院子，正室三間落鎖，院子凌亂，似久無人到了。大門耳房中兩側住一人家。老人告訴我們，本來縣裡派人住在這兒，早回去了，安排我們在這兒照顧著。具體瞭解當地農民生活，知道在改革開放之後，溫飽問題已經解決。

參觀至此結束了。德玉弟說：「這一趟總算還是看到一點東西，比想像的好些。」但是，也可以看出，這個地方，前些年曾引起注意，近些時候，又被冷落了。

文章就寫到這兒嗎？司馬遷的《史記》，在講了一個故事、介紹一個人物之後，總是站出來講幾句，所謂「太史公曰……」，進行議論和評析。他講完了陳涉吳廣的故事之後，自己沒講什麼，而是大段引用了賈誼的《過秦論》。他覺得這樣比自己講為好。《過秦論》的「過」是批評的意思。文章詳述了一百多年間，秦國怎麼走向強大，怎樣統一六國，不可一世。可是以陳涉他們這樣一點力量，連像樣的武器都沒有，怎麼振臂一呼，山河震動，影響所及，秦王朝很快滅亡了呢？賈誼的最後一句話是：「何也？仁義不施，攻守之勢異也！」司馬遷通過賈誼的口，把大澤鄉起義的時代背景、社會作用講得清清楚楚。陳涉稱王只有六個月，因腐敗不得人心，而迅速敗亡。人稱「亡秦者，秦也」！同樣可以說：「亡陳者，陳也！」

司馬遷的史和論，說到這個份上，可以說是把話說到家了。

大澤風雲，兩千兩百年過去了。今天，我們再談此事，是否應有新視角？

始於大澤鄉的烽火，迄至太平天國的大大小小百餘次「農民起義」，對這個歷史現象從總體上應如何評價？

想來想去，每一個正直的人，對農民起來和壓迫剝削作鬥爭，都會同情、認可。這是出於義憤和道德理念。另一方面，想來想去，每一個實事求是的人，對「農民起義」的過程和最終結局，很難找到「義」的落實。歷史上找不到「農民起義」導致的「一些階級勝利了」的「文明史」。農民起義，或則失敗，或則勝利了，即形成新的封建專制。如有不同，那就是更為野蠻和貪婪。陳涉稱王後，不過六個月，其生活的豪華令人咋舌，更不要說他的濫殺無辜。洪秀全在兵不過三千的起義之初，已妻妾成群，進入南京之後，後宮佳麗如雲，荒淫無恥的程度超過歷史上的暴君！馬克思在一八六二年六月有《中國記事》一文，詳說太平天國，他對當時的情況有深入的瞭解。當然，他是思想家、理論家。他說：「太平天國一點進步意義也沒有，它帶給人民的災難，遠遠超過對清廷的衝擊。」他用「災星」、「魔鬼」、「萬惡」這樣的詞語，表達對太平天國的義憤，和對中國人民的深切同情。幾十年來，我們是根據階級鬥爭的需要，先「定調子」，再「做文章」，濃筆重彩歌頌農民起義的領袖，視為理所當然。當代哲學家馮友蘭先生在《中國哲學史新編》中說：「洪秀全和太平天國如果統一了中國，那就要使中國倒退幾個世紀！」顯然，對「農民起義」的歷史，我們要重新「解讀」。

二

把人類走向文明的歷史，歸結為「階級鬥爭」，這是前一階段的主流意識。說：「七八年再來一次」，直到共產主義。按照馬克思的觀點，歷史的發展是靠生產力的提高。生產力的提高是靠新的生產工具的應用。在人類歷史上，封建社會取代奴隸社會，是由鐵器的普遍使用帶來的生產力的革命而引起的；資本主義的興起，是第一次產業革命，以蒸汽為動力的機器，把生產力一下子提高百倍千倍，這才引出新的生產關係。如果世界上有比資本主義更高一級的新的生產關係出現，那就是需要有第二次產業大革命，即把人的腦力勞動進一步解放出來，使社會生產力實現新的飛躍。這個新世界的曙光已經看到了。

話又說回來，當時的農民是封建社會生產關係的產物，不代表新的生產關係，即使通過起義，奪了政權，也不可能把社會推向前進。潘旭瀾先生近不斷撰文，提供大量太平天國的歷史資料。他說：「太平天國，實際上是一種極端利己主義的政治邪教。尤其可怕的是，它還被作為一首英雄史詩，向人們指點通向人間天堂的金光大道。」

在意識形態領域，我們什麼時候能夠走出「左」的陰影，實事求是面對生活呢？

二〇〇〇年十月

【注】

此文無意中涉及對農民運動從總體上進行評價的問題，這震動了輿論界，一度掀起了波瀾，說是「具有顛覆性」。其實不過是引述了司馬遷和馬克思的說法而已。廣東有關領導部門還為此發出紅頭文件，進行指責。為此我寫了四篇文章講清道理，所好得到發表。雜誌主編發表卷首語，題為《馬克思說錯了嗎？》，一時不了了之。後又因刊出前省委書記任仲夷的《答記者問》，肯定了「三權分立」的觀點，總編被撤職和改組了編輯部，這成為當代文案的突出事件。

來到焦裕祿墓前

二〇〇〇年五月二十日，路過河南蘭考，我下車逕直來到焦裕祿墓前。

我怎麼能不來呢！幾十年間，穆青的報導，我看過聽過，電影《焦裕祿》也看了不知多少次。在突出政治的年代，對學習的要求是要反覆進行的。一天，通知地方全體幹部集中在勞動人民文化宮，再學焦裕祿，請播音員余潔再讀穆青的那長篇通訊。他抑揚頓挫，感情投入，使焦裕祿無私的情懷，再次打動人們的心扉，不覺叫人流下眼淚。那時很快又有了一支歌兒流行起來：

> 古道黃河東流去，留下一片黃沙地。
> 黨為了給咱除三害，派來焦裕祿好書記……

當時覺得，大家都像焦裕祿這樣：「毫不利己，專門利人」，我們的事業一定會無往而不勝。把精神和物質的關係，理解為決定性的是精神——精神變物質。共產主義的精神，創造共產主義的事業，共產主義就在眼前。

這天，一群孩子在焦裕祿墓前嬉戲。我問「你們怎麼有時間在這兒玩？」他們說：「今天是星期日。」五月的陽光燦然，孩子們的臉上也是燦然的春暉。看服裝整潔，笑顏逐開，他們真是祖國的花朵！「我們合照一張照片好嗎？」大家歡呼：「好！」於是，我們在焦裕祿的墓碑前列隊……

這時，我想到焦裕祿在蘭考時的孩子們。

焦裕祿提著一個書包上任，走到縣委機關門口，四五個孩子向他乞討。他從包裡找出一塊餅，孩子們餓狼似地撲過來，焦不知如何是好了，於是倉皇地逃進機關裡去。電影《焦裕祿》就是這樣開始的。

飢餓的狂潮在襲擊著蘭考。時間到了一九六二年底，這是對「大躍進」毫不留情的懲罰。

現在，碑側有一個紀念館，一張桌子放在大廳裡，是比乒乓台還要大一些的長形臺子，上面蓋著藍色的臺布，中間放著一個牌子「縣委會會議桌」。這個最大的展品，是歷史的見證。焦裕祿召開的第一個縣委會，在這個桌旁進行。大家在桌前坐下來，焦裕祿說：「此時此刻，我們能在這兒坐得下去嗎？」這時成千上萬的饑民在火車站，正在等車外出逃荒。他說：「走，我們到火車站去……」他去幹什麼？他有回天之力嗎？他能動員大家留下來，通過救災，保證不餓死或少餓死人嗎？他對縣委一班人說：「我們不能領導他們戰勝災荒，應該感到羞恥和痛心……他沒有再說下去，所有的縣委委員都沈默著，低下了頭。」穆青的文章這樣描寫。

焦裕祿受命於危難之際，他在蘭考只有一年零四個月。災情這樣嚴重，病情這樣嚴重，農業生產的週期又長，更不要說林業，加以還有階級鬥爭，很難說他為蘭考人民做出多少實事。穆青的文章還是大量記錄一些蘭考人民的成績。有人說，焦裕祿精神偉大，但在蘭考，是「出師未捷身先死，長使英雄淚滿襟」。

縱觀這一時期，焦裕祿的最大貢獻，是體現了人道主義的「車站放生」！當時，農村人口不准流動（農村工作六十條明確規定：「四固定」在生產隊三十年不變。「四固定」首先是勞動力。）飢餓者也不准流動。當年，我所在的公社有數十人逃到新疆去墾荒，被縣裡派的人追回來。理由是政治影響不好。「大躍進」的結果，特別是在河南、安徽一帶，農民是大量地、默默地死去。胡繩主編《中國共產黨的七十年》，婉轉地承認餓死二千萬。若干年後，國際國內研究機構提供的報告，都說事實不止此數。焦裕祿對農民逃荒出走，不是裝作不知，也不是睜一隻眼閉一隻眼，而是光明正大到車站送行，真是了不起！

焦裕祿廉潔，自己家裡也吃不飽。作為新上任的書記，在群眾性的飢餓面前，自己能做點什麼實事呢？對三十多萬蘭考人民，一時無能為力，他派一部汽車，到登封縣去搞了一點糧食，給縣委機關的幹部每人分了兩斤。為此，一封人民來信告到鄭州（省委），說他違法亂紀，破壞統購統銷政策。對這樣的事情，省裡抓得緊，立即派專人前來調查。戲劇性的事情發生了：來人同情焦裕祿，說：「這種事焦書記是不會做的。」但是焦裕祿坦誠直言，是自己所為。這樣一來，

焦裕祿之墓

上級來調查批判，折騰一段時間。對新上任的書記，這是怎樣的精神壓力！個人怎樣檢查都可以，而這個形勢，河南省的老百姓怎麼辦？將會有多少人輾轉於溝壑呢！

紀念館的展廳裡，有一個玻璃櫃，裡邊是一個破爛的籐椅。因為過去對它的說明太多，我來到它的面前，有「久別重逢」之感。當時焦裕祿病情已到肝癌後期，他在工作中為了抑制肝區的疼痛，把這個籐椅的一邊壓出了大洞。我在紀念館裡買了一本小冊子，再讀穆青等的文章，這才發現許多段落——幾乎是在所有的工作現場，他對焦裕祿的肝癌劇痛，有驚心動魄的描寫：

「大雨下了七天七夜，全縣變成了一片汪洋。……他們靠著各人手裡的一根棍，探著、走著。這時焦裕祿感到陣陣肝痛，他不時彎下身子用手按著肝區……大家要求他回去休息，他沒有同意。」

「風雪鋪天蓋地而來，積雪有半尺厚。焦裕祿迎著大風雪，什麼也沒有披……這時肝區疼痛發作，有時痛得厲害，就用鋼筆硬頂著肝部……」

「許多人發現，無論開會、作報告，他經常把右腳踩在椅子上，用右膝頂住肝部……」

幾乎是在所有工作場合，我們都看到焦裕祿的悲劇情懷！他「拒絕住院」，他「拒絕休息」，「他想到群眾的困難，不吃了，又向風雨中走去！」到最後，「開了處方，他嫌藥費貴，不肯買。縣委成員背著他買了三劑，強迫他吃，但他執意不吃第四劑……」

這是為什麼？

他說：「群眾生活困難（實是在飢餓的死亡線上掙扎），我能吃得下嗎？」

這樣，焦裕祿一而再、再而三地體現出他自覺地與人民同甘苦。對自己的身體，他從夏到冬，從春到秋，都是這樣有點「破罐子破摔」了。這被視為「毫不利己」的共產主義精神！焦裕祿去世時只有四十二歲，成為國人的光輝楷模。在發表穆青的長篇通訊的報紙版面上，《人民日報》發表了社論，高度評價他是「毛主席的好學生」！

焦裕祿最後還想寫一篇文章，題目寫好了：《蘭考人民多奇志，敢叫日月換新天》。他要寫「一個落後地區的改變，首先是領導思想的改變」；他要寫「精神原子彈——物質變精神，精神變物質」。可惜，他只寫了個開頭。肝區疼痛，手發抖，鋼筆從手指上掉了下來，他終於擱筆了。今天，我們為看不到他這篇文章感到遺憾。這篇文章應該是有思想性的，他是以獻出血肉之軀作出的思考，且提到哲學的高度了。「焦裕祿現象」是特定歷史背景下出現的，如果離開時代背景，很難理解。試想為什麼組織上對一個確診為癌症病患者這樣不關心？不人道？他為什麼這樣虧待自己，甚至不給自己正常的生活和生的權利？他怎麼以殘酷地對待自己來實現自己的輝煌，只有如此才是不朽的楷模，才是毛主席的好學生嗎？

認識焦裕祿，關鍵要看時代背景。

穆青對時代背景強調的是「三害」——自然災害，回避了人禍。這是符合當時的宣傳口徑的（幾年之後，中央領導和歷史「決議」都改變了這個提法）。對大量災民的外出逃荒，他說：「他們等著國家運送災民前往豐收地區的專車。」好像當時農民在有計劃地轉移。焦裕祿前去送行，是即興的，並沒作計劃安排。這樣掩飾一句，也是可以理解的，當時的「筆桿子」只能如此，雖然穆青是新華社的負責人。河南這個重災區，餓死農民數百萬，新華社未能報導，也沒有哪一個傳媒可以報導。穆青把災情和焦的悲壯情懷寫得這樣具體，樹立了一個光輝榜樣，已經很不容易。

焦裕祿在鄭州去世。他對後事要求從簡，要求把骨灰埋在蘭考的沙丘之上。但是後來相反，他得到不同尋常的哀榮。關心他的後事，成為突出政治的行動，成為對偉大領袖毛主席的一個態度。從鄭州開出了前往蘭考的專列火車，火車上飾滿白花。接著，「文化大革命」開始，紅衛兵小將從北京一批批南下，歷屆縣委在壓力下，一再把修焦裕祿墓作為重要的政治任務，墓當然是越修越好……

焦裕祿是可敬的，是否可以說，他生前不幸。

焦裕祿是無私的，是否可以說，他死後不安。

焦裕祿去世前出的題目，發人深思。「毫不利己」是毛主席在「老三篇」中提出的道德要求。這是理想的境界，這是超越時空的。除此外，道德有歷史發展的階段性，有和經濟基礎相聯繫的現實性，有和覺悟狀況、傳統習慣相聯繫的群眾性。什麼才是推動社會發展的精神原子彈呢？

首先還是解決群眾的溫飽問題。這是焦裕祿最關心的。

從深層的社會倫理關係來看，鳳陽小崗村十幾戶農民，寫血書，冒著生命的危險，反對的是打著「毫不利己」的紅旗的「大寨式工分制」，而要求實行的是「聯產承包」——交夠國家的，留夠集體的，剩下是自己的。「自己」在這兒出現了，「自己」終於被承認了，這開啟了中國農民溫飽的新紀元。

這使我們今天可以在焦裕祿的墓前，看到孩子們的笑顏。

【注】

此文（刊於香港《大公報》、廣州《同舟共進》雜誌二〇〇〇年十二月號）首先刊於香港《大公報》，因為略微說了幾句真話，內地報紙不便採用。焦裕祿是一個偉大的人道主義者，肝癌後期不再吃藥看病，忍著劇痛，堅持工作，因為看到縣裡大量的人餓死了，自己無以援救。表揚一個焦裕祿，掩蓋了河南數百萬人餓死這一事實。焦裕祿堅持在蘭考活了一年零四個月，被譽為「毛主席的好學生」。這是一種「殘酷的表揚」，所以焦裕祿是生前不幸，死後不安。

漫步「醉翁亭」

一九九六年的深秋，我終於漫步在琅琊古道，圓了童年的夢。

一

記得在幼時，父親叫我念《古文觀止》，《醉翁亭記》是率先指定的篇章之一。他的教法就是朗讀，把十個銅錢放在桌上，讀一遍，把一個從左邊翻到右邊，全部挪過去就是十遍了。如此挪來挪去，並不要求立即背誦，而是反覆地讀，且要學著他的腔調，讀出聲音來，讀給自己聽。問我：「你查查這中間有幾個『也』字？」它似決定了文章的節奏和韻味，讀著讀著似有音樂的旋律。

「醉翁亭在哪兒？什麼時候能去看看就好了。」幾十年間，我無數次途徑滁州，都是乘火車飛馳而過，直到如今古稀之年，我是不能不專程而來了。

二

歐陽修當年寫道：「山行六七里，漸聞水聲潺潺……」進得「琅琊山森林保護區」的山門，我們就沿著大道一側的小溪蜿蜒而上了。溪水叮咚，因落差有異，彈出不同的音響。我想，「哪裡有六七里呢！」這是城市開拓逼近山林所致吧。本來有一大路直達醉翁亭，多虧滁人何克儉先生指引，取此有山林野趣的小道。一路花木叢叢，怪石錯落，亭台可以小憩。經「野芳園」（這個名字當取自《醉翁亭記》，歐陽修用「野芳發而幽香」說明一個「春」字），抬頭遠望，始知歐陽先生所示「蔚然而深秀」用詞之貼切。我們一再跨過小溪，都是「踏著石頭過河」。克儉先生說：「故意沒有造橋。」我問：「有山洪不是過不去了嗎？」他說：「多雨時，石頭一般也在水面上。」何以如此？一時成了我的不解的謎……及至醉翁亭前的「讓泉」，那是小溪一側用巨石砌成的方池，只見泉水汩汩湧流，在山光掩映之下，水色碧綠而晶瑩。克儉先生說：「幾個月沒下雨了，它總是一如既往地流著。」這叫人忽有所悟：每一棵樹都是保持水土的衛士。琅琊山區蒼莽百里，森林的作用在「讓

醉翁亭1

泉」得到集中反映，也回答了剛才跨越小溪時的疑團了。

「讓泉」距離滁州的市井是如此之近。「這礦泉水灌一瓶，去賣就是幾塊錢呀！」它居然還沒有受到市場的衝擊，沒有被人的「醜陋」所污染（或許是在國家明令的保護區內），遊人可以各取所需。「讓泉」保持自然的面貌，真是滁人精神文明的體現。

三

我們來到「醉翁亭」前。

臨山一帶圍牆，裡邊是高低錯落的古建築群，「醉翁亭」就在其中了。久聞此亭居於國內「四大名亭」之首，想是在山林間，比北京的「陶然亭」多了野趣，有大量古建築相托；比長沙的「愛晚亭」多姿多彩；它的文化含量當然更是杭州的「湖心亭」不可比擬的。否則何以號稱「天下第一亭」呢！

此亭始建於一〇四六年，雖幾經維修，仍保持原來的樣子：飛簷翹角，吻獸伏脊，有十六根立柱，周圍設置木欄、長椅、小幾，框門有格花和浮雕裝飾，有八幅「八仙過海」圖。亭側的山崖上刻有「醉翁亭」三個巨大的篆字，正門的楹聯是：

飲既不多何能云醉
年猶未邁奚自稱翁

不免駐足而思，這種啟發式的語言，把人引入遙遠的歷史中去。歐陽先生自稱「醉翁」，在《醉翁亭記》中說喝得不多，是醉於酒，還是醉於山林之美呢？當時也不過三十九歲，怎麼就自稱為「翁」，還說什麼「蒼顏白髮，頹然而醉」？從他剛正不阿，被貶來滁的心情中，似乎可以尋找到一些蛛絲馬跡來。

克儉先生說：「我們上午初步看看，下午再來細看吧。」遂帶我們至下榻處「白鷺山莊」就餐。餐廳的廊下，有南通畫家范曾題寫的匾額「意不在酒」四個大字。這四個字畫龍點睛地道出了遊客們共同的心情，亦如歐陽修所說：「醉翁之意不在酒，在乎山水之間也！山林之樂，得之心而寓之酒也。」

四

下午再來「醉翁亭」這建築群落，克儉先生特地請了朱豔小姐來作講解。在她說來，此間一亭一台，一石一木——「二賢堂」「寶宋齋」「寶宋新齋」「菱溪石」「影香亭」「方池」「古梅亭」「醒園」……無不有豐富的寓意，無不蘊含著傳統的文化品位。在此何能一一記述。還講一些軼聞趣事，叫人興致盎然。如胡耀邦同志在此曾對在場的人進行智力測驗，問：「你們知道《醉翁亭記》共有幾個字？幾個『者』字？幾個『也』字嗎？」一位年長的同志答了出來，是四百零一個字，十一個「者」字，二十一個「也」。在「二賢堂」上可見《歐陽文忠公全集》，他的手跡等寶貴的史料。東牆掛《醉翁亭記》全文，西牆掛《朋黨論》全文。朱豔小姐說：「沒有《朋黨論》，也就沒有《醉翁亭記》。」這話講得深刻，明乎此，遊人的感受又進一層，不僅「意不在酒」，也不僅在於「山林之間」了。

朱豔小姐興致盎然地給我們朗誦起《朋黨論》來，其抑揚頓挫幫助我們加深了理解。讀到中間戛然而止。「怎麼不念了？」她重複朗讀這樣兩句，說是問題出在這兒：

「故為人君者，但當退小人之偽朋，用君子之真朋，則天下治矣。」

千百年間，山間的小溪不斷地流淌，琅琊古道的石板路早被人們的腳步磨得鋥亮了，而生活仍在繼續……

醉翁亭處的「讓泉」景點

站在歐陽修的塑像前，朱豔講到「文革」中某些朋黨——「四人幫」的危害之烈。有張華盛先生者，拼著生命才保護了「歐陽修」（塑像）。歐陽修死而得知，不知感慨如何，又會寫出什麼文章來了。他和蘇東坡合作的結晶，那「歐文蘇字碑」上，留下了「文革」永世不滅的痕跡，許多字被砸得難於辨認了，現在用玻璃保護著，這是國寶呀。並又建了新的「寶宋齋」，豎起了複製的「歐文蘇字碑」。

是與非，美與醜，光明與黑暗的鬥爭似無窮期。

在「野芳園」附近的亭子裡小憩時，克儉先生指著後壁的天窗，說某君從政，口碑不佳，卻又樹碑歌頌自己的政績。群眾有意見，黨和政府把碑拿走。個中有曲折複雜的故事，不知能否有所記，以警後人。對《朋黨論》，朱豔小姐沒有讀的後一半，都是舉的實例，而歷史在不斷作出新的補充，《朋黨論》看來是一篇歷史的大文章，不知什麼時候可以寫完……

五

及近黃昏，克儉先生又指引我們向琅琊古道的深處前進。我們踏著磨光的青石板向上攀援，來到濃蔭覆蓋的「峰迴路轉」處。在《醉翁亭記》中，「峰迴路轉」似在「讓泉」和「醉翁亭」之間（文章說：「峰迴路轉，有亭翼然臨於泉上者，醉翁亭也。」）是歐陽先生行文所需，還是覺得「醉翁亭」最好在「峰迴路轉」之上的更為幽深之處呢？轉過山坳，忽然天地開闊，一個山間的湖泊展現在眼前，名為「深秀湖」。我們來到湖中的亭子上，但見湖面如鏡，四周青山環繞，雖然沒有風，但覺寒氣陣陣，是到了歐陽先生所說的：「雲歸岩穴暝」的時候了。天地寂靜，四野安謐，真是一個淨化靈魂的去處。不由想到醉翁歐陽修的佳句：「醒來欲少胸無累，醉後心閒夢亦清。」

歐陽修是說自己醉過，醉於「欲」。現在是醒了，「欲少」而「無累」，「心閒」，做的夢也是輕鬆愉快的了。

果然是不虛此行。

【注】

二〇〇〇年，在北京舉行世紀作家論壇，在那次活動中，此文被評為一等獎。這是因為《醉翁亭記》是千古名篇，而此文對照醉翁亭的實際情況作了一些補正。此文所闡發的思想得到了肯定。

緬懷中山先生

二十世紀中國產生了幾位偉大的歷史人物，在這世紀之交，瞻前顧後，叫人首先想起的是中山先生。總覺在這個新世紀到來之後，他的人格魅力，一定會更加放出光彩！

歷史在呼喚中山先生歸來！雖然他在一九二五年已經去世了。

他的思想應乎時代的潮流，不斷地發展演進。

他對革命的理想，不懈地追求，從不停息。

他說「天下為公」。他身體力行，沒有私欲。從他身上找不到「權力私有」的影子，看不到政客的權術。為了國家、人民的利益，他說：「我隨時遜位！」「大總統」之上加了「臨時」兩個字，他是真誠的。去世之前，滿腦子的還是「民主制度」的建設。他追求國家的「民主共和」能真正實現。魯迅先生這樣讚揚他的無私情懷，說他：「站出世間來，就是革命，失敗了還是革命……他沒有滿足過、安逸過。他是一個永遠的革命者。無論做哪件事，都是革命！」

夜遊翠亨村

中山先生的故鄉在廣東香山縣（今中山市）的翠亨村。這個村子的名字幼時就深深落在了腦際。想它在南國的邊陲，一定有茂密的綠蔭，一定是豐茂的景象。但是，它究竟是什麼樣子呢？什麼時候能去看看才好。這是半個世紀前的念頭。

一九八九年六月下旬，從深圳北返。早晨出發，在珠海逗留一天。當晚要到廣州去。因為要趕次日的班機。

計程車從珠海出發時，天都黑了。此程要經過中山縣。我問司機：「經過翠亨村嗎？」「不經過。」「最好是經過看看。」「那要繞道了。」「繞多遠？」「三四十公里吧！」「我們去一下！」夜間行車他是感到勞累吧。他說：「有什麼要看的！夜裡更看不到什麼了。去幹什麼！」他的話也有道理。我說：「還是去一下，看一眼也好，否則留下遺憾，以後難有機會來了。」司機說：「你實在要去，咱們就去。」

到翠亨村已是夜間十一點多鐘。

汽車停在一個大鐵門前。街上仍是燈火輝煌，非常熱鬧。不知是南方人歡喜過夜生活，還是改革開放帶來的新氣象。只是這大門緊閉，貿然地前去叩門。門衛人員問：「幹什麼？」我們如實相告，要求進去看看。這位老同志倒是熱情地打開大門，居然放汽車開進去。

他說：「天黑了，看不清什麼了！」

「中山先生的故居可以讓我們看看嗎？」

「辦公室的同志住在東北角的宿舍裡，不知他們睡了沒有，你們去談談看吧！」

我們穿過整個院子——是一個不小的花園呢！我找到辦公室掌管鑰匙的同志，他得知我們遠道深夜而來，頗為體諒。這是出於對中山先生的敬意吧。二話沒說，就隨我們出發，帶我們去看中山先生的居室。

正對著大門有一個二層的小樓，樓下三大間，樓上三大間。工作人員帶我們逕直到樓上，一一打開房裡的燈，介紹說，這是中山先生的起居室、這是她母親的房間、這是書房。向陽有一個大的陽臺。這種設計在上個世紀初是洋式的房子了。

站在陽臺上，看到整個院落籠罩在夜幕之下，而院牆外是燈光輝煌。

不知為什麼，中山先生從未把這個房子作為私產，在臨終的遺言中，只對上海那一幢幾個外國朋友送的房子作了交待。

走下樓來，工作人員重點指給我：「就是這棵樹，中山先生七八歲時，經常在這樹下聽故事。」樹根部分一個圓形的土壇，因為中山先生出生於一八六六年，算下來這樹齡該有二百年左右了。

在孫中山故居

一位跟隨洪秀全起義的太平軍遺老——馮爽觀老先生，給孩子們講太平軍光榮的戰鬥經歷：如打長沙、占漢口、東下南京……從一萬多人發展到四五十萬。一個個戰鬥的故事使孩子們興奮不已。少年孫中山從這些故事，產生了輕蔑封建帝王的思想和「革命有理」的觀念。其實，這位馮先生講這些故事時，太平天國因為腐敗、殘暴、內訌早已土崩瓦解。馬克思說：「太平天國是以殘暴和愚昧來對付清廷的腐敗和停滯。」少年孫中山不可能有這樣全面的理解。馮老先生向他傳遞了農民的造反精神。

馮先生說：「你長得像洪秀全，長大了就當洪秀全吧。」在鄉里的孩子們中，他得到一個「洪秀全」的外號。有的孩子一時沒有回家，家長會說：「怕是又跟著『洪秀全』去『打仗』了吧！」

這個大橡樹可能是當年唯一的歷史見證了。

我感到很幸運，終於來到了翠亨村。但又感到很遺憾，因為是在夜晚，雖然受到熱情的接待，沒有看到多少東西。

在汽車重新上路之後，我進而想想，就是白天來，認真地去看，也看不到一百多年前的那個翠亨村了。

人們再也看不到中山先生幼年時那個窮困的家。當時這個村子六七十戶人家，土地集中在少數幾戶。他們家七口人，租種六畝半地。宋慶齡在回憶文章裡說：他家很窮，到十多歲才有鞋子穿，住在一間茅屋裡，經常覺得大米太貴了，主要食物常常是白薯。

他的哥哥孫眉到夏威夷墾荒，辦起了農牧場，又開了店，這才使家境有了變化。

中山先生十歲上學，讀私塾，放學回家還要插秧、鋤草、放牛、光著腳跟著父親在田裡幹活。到十二歲時，他第一次離開翠亨村，到夏威夷去投奔哥哥。對這生活中決定性的一步，他後來說：「始見輪舟之奇，滄海之闊，自是慕西學之心，窮天地之想。」他一生兩次去國外，漂流海外十九年。他環球而行，到達過北美、歐洲、澳洲、東南亞、日本等地。異國他鄉的生活，就決定了他是一個開放型的人物。後來他不斷吸取東方和西方的先進的思想，有開闊的胸懷，毛澤東曾聽他的報告，說感到他有雄偉的氣魄。

南京塑像的命運

新中國成立之前，我家曾住在南京鼓樓附近。這兒離市中心新街口不遠。新街口的圓盤中間，中山先生的塑像一直站在那兒。南京當時是首都，人稱中山先生為「國父」。國父站在首都的中心，似為理所當然。

他面北而立，左手叉著腰，右手伸到前邊向下按著，他似在講什麼。當時，有報紙徵答，問：「孫總理在講什麼？」有的說是在講「革命尚未成功，同志仍需努力」吧。出人意料，得獎的一句話是「平抑物價，安定人心」。當時物價飛漲，民怨沸騰。這話更切合現實情況和他的手勢、神態。

這是祖國黎明之前的社會花絮。

建國之後，不久新區土改也結束了。中山先生「平均地權」、「耕者有其田」的理想當然也實現了。只是不久，一步步一大二公，土地又收歸集體，何況又向共產主義前進。一九五六年的對私改造，不僅是孫先生的「節制資本」，而是逐步消滅了資本。大學的課堂上講：貨幣一旦轉化為資本，就是發展資本主義！認為我們的事業發展的進程，早把孫先生拋到後邊去了。毛澤東一九五六年有《紀念孫中山先生》一文。他講得很全面，他說：「我們都是孫先生的革命事業繼承者。」又說：「我們不可苛求於前人。」

當時的生活告訴我們，孫的侷限性在哪兒？他是民主革命家，民主派是資產階級，說當前的社會矛盾就是無產階級和資產階級的矛盾，而且工作「以階級鬥爭為綱」。這樣一來，中山先生碰到「綱」上去了。在那一時期，「民主派」一詞是貶義詞，和反動派差不多了。

這樣一來，中山先生不僅黯然無光了，而且對他站在那市中心，不能容忍了！對不起，請你動身！幸好有毛澤東那「革命先行者」的說法，紅衛兵才手下留情，沒有把像砸個稀巴爛。但不知搬到什麼地方去了。

中山先生離開新街口許多年，具體的起迄時間待考。大概總有小平同志所說的「我們耽誤了二十年」的那個時間吧。

九十年代初，偶去南京，看到又在原來的位置安裝中山先生新的銅像。比之過去，體型大一些，他扶杖而立（時過境遷，給了他一個手杖），面帶笑容，轉身面向南方。過去面對北方，是關心那兒的軍閥混戰的政局吧。現在面向南方，是關心首先從南方興起的改革開放，還是關心世界的風雲變幻呢？幾次經過新街口，想給中山先生像攝影，均因車速快，無法停車，沒有照成。一天曙光初上，騎自行車專程前往，那轉盤處已是汽車如流，無法靠近，只有在遠處照了幾張。

當年，南京是國民黨政權的首都，這兒自然是研究民國史、國民黨史和中山先生歷史的中心。王家典先生以其巨著《中國國民黨史》相贈，他是社科院歷史研究所所長。這部書是共產黨人對國民黨歷史研究的成果。只要略為看看，也就知道，過去有些同志把中山先生的「三民主義」視為國民黨反動派的專利，是多麼無知，如同把民主、自由、人權……奉送給資本主義社會。

歷史翻過了新的一頁。建國五十周年時，為了紀念這光輝的節日，在播放一些電視劇，首先是《開國領袖毛澤東》。在那開國之初，南方剛剛解放，毛澤東把葉劍英找來，委託他去南方主持工作。他們漫步在中南海的湖邊，毛說：我們都是中山先生的學生……到那邊去把各方面的工作認真抓起來，不要辜負中山先生……（大意）。這一情節，不知劇作者是否有真實的根據，即令是杜撰，也符合藝術的真實性。因為毛澤東的《紀念孫中山先生》一文在那兒。

一次出發去南京，隨手帶了本剛收到的《隨筆》，是覺得這個小冊子既輕便，又有厚重的特點。發現上邊有前毛澤東的秘書李銳同志的文章。他在這世紀之交，回眸往事，開門見山談到孫中山，並以他的理想——三民主義，檢驗和衡量我們這五十年的工作。他認為，一九四九年新中國建立，解決了「民族主義」。是啊！解放大軍渡江時，英帝紫石英號軍艦，夾著尾巴在長江上逃去，這和一八四〇年英

南京新街口中山塑像

帝炮艦來犯，前後相照應。他認為「一九七九年後民生主義有了希望」。這是指黨的十一屆三中全會，推倒「兩個凡是」，它導致生產力的迅猛發展，人民生活明顯地改善了。李老說：「民權主義呢？」這話發人深思。想來想去，總覺這個問題的解決是一個漫長的過程。當然，應該是一個自覺的過程。改革開放以來，也可以說「人」在逐步得到相對的解放，因此才有生產力的解放。是「民權」和「民生」相伴而行。「民權」問題根本的解決，變「為民做主」為「人民作主」，還有艱苦的任務。最近看到《淮海學刊》上，中國政法大學憲法研究主任焦洪昌先生的文章。他舉例證明說：「現在的憲政只是一種『靜態』的憲政。憲法到目前還不是一種操作性的、正在實施的東西。」憲法作為根本法，作為民權的保障，當然是要實施的。看來還要時間。焦先生的文章和李老的文章一樣，反映一種世紀的期盼。

發人深思的是，在這半個多世紀中，孫中山先生在南京新街口的這個塑像和中國人民是同呼吸共命運的。

在南京和老友單哲、光傳相約同遊。去哪裡呢？他們問：「你多少年沒到中山陵去了？」我說：「二十多年了吧！」他們說：「應該再去看看，那一帶變化很大呀！」我們出中山門，先去

中山陵

「中山植物園」，一路沿紫金山南麓步行東來，直到再登那三百九十三級雄偉的中山陵臺階。清晨出發，下午五時始返，仍覺興猶未盡。

鐵獅子胡同五號

北京鐵獅子胡同五號，是中山先生一生革命征程的終點。他一九二五年三月十二日亡故於此。五十年代我在北京住了幾年，多住在鐵獅子胡同一號。當時人民大學新聞系在這兒。這個地方在二十年代曾是「段執政」（段祺瑞）執政時的中央政府。現在看起來，房子並不宏偉，可是卻有典雅、古樸的風貌。中山先生一生沒有私敵，但是這個段祺瑞卻成了他人生最後階段遇到的一個對立面人物。

經常從五號門前經過，二十年代歷史舞臺上的政治風雲，中山先生為理想而鬥爭的最後拼搏，難免時不時地重現在我的眼前——

革命力量已控制了南方，北方還是軍閥混戰，每個軍閥背後都有帝國主義的支持。當時的歷史任務就是召開國民議會，實現祖國的統一和反對帝國主義。忽然北方傳來好消息，馮玉祥將軍佔領了北京，他做了幾件引人注目的事情。一是廢除了對清室的優待，把溥儀從皇宮趕了出來。二是說讀中山先生的書使自己有了革命建國的憧憬。他把六千本中山先生的書《三民主義》發給部隊作為課本。三是決定部隊改編為中華民國國民軍。特別是他電請中山先生北上主持政局。中山先生覆電稱讚他：「功在國家，同深慶幸！」

可是當中山先生決定北上時，北京已是「城頭又換大王旗」了。段祺瑞奪了權，把馮玉祥派到張家口去了。

中山先生到達北京，是一九二四年十二月三十一日。嚴冬臘月，朔風凜冽，為歡迎中山先生，市民在許多街道都懸掛了旗幟，到車站歡迎的有十萬多人，從車站到東長安街都擠滿了。做保衛工作的人，擔心難以維持秩序，請中山先生提前一站下車。中山先生說：「我是為了人民群眾而來，他們要看我，我也要見他們，即使擠著我，也不要緊。」不料，群眾秩序井然，特別是學生整隊嚴肅，恭敬而立。中山先生下車後，歡呼的口號形成巨大的聲浪。中山先生在火車上就生病了。群眾得知後，更加肅穆，居然鴉雀無聲地聽中山先生發表了簡短的演說。

鑒於中山先生在政治上的巨大影響，天津、北京的軍閥都先後拜見他。中山先生對段祺瑞的倒行逆施加以斥責，對張作霖是嚴肅批評。說：「你們不反帝，請我來幹什麼？」由於心情不快和激動，這加重了先生的病情。

從中山先生到京至去世三個多月。在此期間，住在那個胡同一號的段祺瑞積極籌劃「善後會議」。他是要以指定的代表，謀求「合法」的總統職，還居然邀請中山先生參加，當然遭到拒絕。中山先生領導的黨抵制這一會議。北京和上海的共產黨組織都組織發動成立「國民議會促進會」支持中山先生。中山先生希望有各省各界的真正的人民代表與會，大會能享有真正的權利。他在給段祺瑞的電文中說：「民國以人民為主人，政府官吏及軍人不過是人民之公僕……當人民回復主人之地位，而使一切公僕各盡所能，以為人民服役，然後民國乃得名符其實。」

中山先生去世前，留下三個遺囑，一個致國人，一個給家人，一個是致蘇聯的信。

當時，他要開真正的人民代表會議，段要開御用的所謂「代表」會議。這是中山先生最後面臨的鬥爭。

《總理遺囑》是幾十年間影響最深遠的文章，經常是會上讀的文件。

記得三十年代，我在皖北一個小縣城裡上小學，每個星期一第一課之前，全校集會，舉行「紀念中山先生」的儀式，叫「紀念周」。全國皆然。在校長的帶領下，致敬、默哀、朗讀《總理遺囑》。一、二年級不懂《總理遺囑》是什麼意思，只知是神聖的文告。三、四年級似懂非懂，如「余致力國民革命，凡四十年」句中的「凡」是什麼意思，並不理解，似小和尚念經，卻背得滾瓜爛熟。總之，知道中山先生是國父，是一個偉大的人物。我很喜歡「紀念周」，因為校長還講故事，如：中山先生倫敦蒙難；講形勢，如：馬德里、阿比西尼亞發生了戰爭等等。

少年時代背誦的東西，終生都是忘不了的。後來，忽然看到何香凝老人的回憶文章，說擬定《總理遺囑》時，汪精衛起草，中山先生簽字認同，但改動了一句話。使人感到很大興趣。原來是說：「聯合世界上被壓迫民族共同奮鬥。」經推敲之後，中山先生改為「聯合世界上以平等待我之民族，共同奮鬥。」為什麼這樣改？前者強調反抗壓迫的鬥爭，後者強調的是和平共處和統一戰線。

中山先生死不瞑目啊！因為他沒有親手把權力交到人民的手中。他留下一句話：「革命尚未成功，同志仍需努力！」他在最後的時刻，嘴裡不斷喃喃地說：「和平——奮鬥——救中國」，聲音漸漸微弱下去。

作為遺言，中山先生特別致書蘇聯。這是一篇熱情洋溢的文章！他說：「我在此身患不治之症。我的心念，此時轉向你們，轉向於我黨及我國的將來。……親愛的同志們，當此與你們訣別之際，我願表示我熱烈的希望，希望不久即將破曉，斯時蘇聯以良友及盟國而歡迎強盛獨立之中國，兩國在爭世界被壓迫民族自由之大戰中，攜手並進以取得勝利……」

臨終前，中山先生如此珍惜偉大的中蘇友誼，他認為這決定著中國的明天。

在京時，我不止一次去西郊八大處。碧雲寺放著本來要給中山先生用的水晶棺，聽說是蘇聯贈送的，因為路途遙遠，沒有來得及用，它體現著中蘇友誼。

最近看到一個材料（李凡先生著《孫中山全傳》），說是我們派人去買，路上碰壞了，再去買，耽誤了時間。過去是傳聞，這個文字根據或更可信。

當然這是一件小事。

中山先生不會想到蘇聯建國七十四年之後，會紅旗落地。馬克思說只有在一系列先進資本主義國家同時革命，人類才會進入社會主義。看來這個「生產力標準」的唯物史觀是正確的，是顛撲不破的、無法修正的。

這也說明，中山先生晚年急於向人民交出最高權力，是希望建立一個民主機制，自己也可以騰出手來致力於經濟建設。他還親自擬定了《建國大綱》，這些都反映出他的遠見卓識和無私情懷。

二〇〇一年八月

心碑

——訪彭德懷元帥的家鄉

《心碑》曾是一本書的名字。我很難找到更好的詞語作為本文的題目了。幾十年來，勤勞樸實的中國人民關心政治。因為「突出政治」，中國人民怎可能不關心呢！

被政治舞臺上一個悲劇所震撼。偉大的悲劇英雄在億萬人民的心田裡樹起了不朽的豐碑。

走過韶山——毛主席的家鄉，走過花明樓——劉少奇的家鄉，那天下午回到湘潭。街上跑著的大巴車廂上書寫著「彭總故居」字樣。已經有些疲憊，今天在湘潭住下，還是繼續前進，去彭總的家鄉烏石呢？同行的德池弟十分積極，他說：「走，走……」這位當年參加過淮海、渡江戰役，參加過解放大西南的戰役、修康藏路、率先入藏的老戰士，興致盎然，其實他也是年近古稀的老人了。

向西南行車一小時左右，到達烏石。找一個小店住下，對面是烏石小學。門前有標誌說明為彭總參與贊助建成。次日清晨，步行前去尋訪彭總故居。到山坡前，有一院落，門上有小平同志手書的匾額：「彭德懷同志故居」。我們來得太早，院門落鎖，四顧寂然，只有到田間散步。深秋時節，這「三湘」（注1）之地倒也生機盎然。近觀是蒼松列峙，丹桂飄香；遠眺是碧綠如煙，眾鳥升騰。田埂上盛開黃色的野菊，灌木上攀緣著各色的喇叭花，牆邊種著鮮紅的三角梅……這兒沒有賣花的人，不由取自天然，採集一束，以備獻給彭總的靈前。

八時，準時開了院門。走進去，只見庭院寬敞，整潔無華。北邊一隅有一組平房，開間大小不等，計十五間。這是彭總的兩個弟弟在一九二五年由彭總資助建成的。幾十年間，彭總兩次回鄉，以此作為調查研究的基地。兩個弟弟彭金華、彭榮華是當地最早的革命者。這個房子是當地最早的黨支部議事之處。在一九四〇年一年中，兩個弟弟先後被國民黨反動派殺害。彭總幼年住的幾間草房見不到了。一九〇七年起，彭總讀過兩年私塾，因母親去世而失學，後幫鄰居放牛，去煤礦當童工，因參加饑民造反被通緝而逃離家鄉……

正廳中八仙桌的背後有一條几，牆上有一對聯。上聯是「蔬食毋忘天地德」，下聯是「布衾常念祖宗恩」。几的正中放著一個牌位，上書「天地國親師」。大出所料，把「天地君親師」改了一個字。一字之差，非同小可，聞所未聞！這是誰的主意？這是什麼年代改的呢？不得而知。在彭總家中看到這新鮮事兒。試想當年，「忠君」就是愛國，愛國就要忠君。改這一個字，一反傳統，居然不把「君」放

百米長梯

在眼裡了。

事先不知道，原來在彭總故居之側有巨大的「彭德懷紀念園」景區。紀念館的前門有五百米德懷大道，然後又有百米長梯登臨銅像廣場，然後才來到紀念館主體工程。我們無意之中先到了故居，現在只有「反其道而行」了。在當地農民的指引下，從後門進入園區。

故居是二十年代的風光，園區是九十年代的氛圍。走進來，驟然看到現代化的園林景物，真是耳目一新。那紀念館建築的設計，給人以厚重、博大、凝重的感覺。一個建築物，有如此視覺的衝擊力的不多。它有稜有角，以昭方正。它本身就是一個精神的載體，一種品位的體現。後來才知道，果然它在國內是一個建築設計的獲獎精品。

紀念館內有一個個相對獨立的展廳，其間有回廊相接，且有精心設計的小景點綴，使整個建築顯得精美。

在展廳裡，首先看到用大字顯示出毛澤東那首稱頌彭總的詩：

山高路險坑深，大軍縱橫馳奔，
誰敢橫刀立馬，唯我彭大將軍。

前來瞻仰者，無不駐足而立。這詩說明的不過是毛澤東對彭總有如此高的評價，頂多是含有原來「他們當年關係是好的」這樣的意思，而實際生活要複雜豐富得多……

近讀雜文家謝雲的文章《『唯我彭大將軍』別解》，始知彭總收到主席的詩，他把最後一句改為「唯我英勇紅軍」，退還主席。時在一九三五年的十月。彭總覺得敢於「橫刀立馬」的高級將領很多，不能說「唯我」一人，更不能忘記那無數為革命犧牲的紅軍戰士。自己怎能安然接受這「唯我」一個的讚譽呢！

這僅僅是彭總的謙虛嗎？新中國成立後，「萬歲」之聲盈耳，「他是人民大救星」的歌聲響徹全國。喊者唱者以為理所當然，聽者受者也未有異議。是彭總首先提出了反對或不同的意見。因此，以「唯我彭大將軍」稱讚他直言不諱地反對個人崇拜，倒是十分貼切的。彭總不是理論家，但是他堅持馬克思主義的觀點，堅持唯物主義的立場，確實如此的旗幟鮮明！

個人崇拜致使災難深重，史績昭昭，豈可不慎。「唯我彭大將軍」的這一詩話，極富哲理，是有關黨和國家命運的一個故事呢！

跟著講解員的扼要講解，緩步前行，走過彭總的童年，走過平江起義，走過萬里長征，百團大戰、抗美援朝……他在民族解放的運動中，為人民立下赫赫戰功。在建國之後的歲月裡，有關彭總的一首詩，又引起人們的興趣：「穀撒地，黍葉枯，青壯煉鐵去，收割童與姑。來年日子如何過？我與人民鼓嚨呼。」

彭德懷故居

許久以來，公認這首詩集中反映了彭總為民請命的無私情懷。記得在一九七九年，即粉碎「四人幫」之後的第三年，我在大學的課堂上，不知講到什麼地方，情不自禁地把這幾句抄到黑板上去，成為一個「錯誤」，是認為還沒有紅頭文件給彭德懷平反，怎麼可以在神聖的大學課堂上歌頌彭德懷呢！（重提此事，不過是說明一種歷史現象，並無個人恩怨之想）看了展品，知道也確有錯誤。作為傳抄的詩，當時都認為是彭總寫的，其實不是。是他在回鄉時，收到土地革命時負傷的老戰士的一個紙條，上面寫著這樣幾句。末句是「鼓嚨呼」，而不是「鼓與呼」；是「鼓著喉嚨呼喊」，而不是「鼓動呼喊」。顯然又是傳抄有誤。

作為彭總的一生，最為閃光處當然是廬山會議。一些史料，不忍卒讀。數一數是三千五百左右，被稱之為「萬言書」的一封信，平實謙和，一再肯定成績，所謂「粗中有細」，照顧大局（面子）。作為私人信件，提出問題，居然成了「陰謀家、野心家」的罪證……

這不是彭總個人的不幸，全黨萬馬齊喑。毛澤東當時的秘書李銳同志在《廬山會議實錄》中說：「說實在的，我覺得很悲觀。這是我們黨最高領導層的會議，怎麼沒有一個人敢出來（為彭總蒙冤）說半句公道話呢？」黨為何陷於這一境地？

這不僅是共產黨的不幸，我們祖國的這一航船，由此再向左轉。因此而轉於溝壑的農民以「千萬計」（注2），形成二十世紀人類社會的一大悲劇。

彭總在廬山會議上的身影，使人再一次想到「唯我彭大將軍」的詩句。彭總最後的獄中慘死，更叫人不忍重提了。

我們來到展廳外的走廊上。德池弟頹然坐下，面色淒然。我說：「累了，歇歇吧！」他說：「不是累了，看著叫人難過，這算是搞什麼……」這位當年征程萬里、九死一生、落戶邊疆、今日倖存的老革命，充塞悲愴。我們不再議論，實也沒有什麼話可說。

彭總偉大，但他的一生，有沒有錯，或曰「侷限性」呢？對抗美援朝，現在略為讀一點史書，不用太多分析，就知道了那場戰爭的真實原由。林彪在中央的會議上，對出兵提出不同意見。電視反映當時的情況，他並未受到批評。彭總或是剛從西北匆匆而來，似什麼想法也沒有，即領命出征。彭總真誠有餘，也曾奉命整人，他傷害過蕭克。廬山會議後，他大徹大悟，即囑託侄子彭起超代表他去道歉，說：「一九五八年的事，叫你受苦了，對不起啊！」蕭克非常感動。他激動地說：「彭總不愧是一個真正的共產黨員，光明磊落，襟懷坦蕩。」

紀念館前的左側，有一紀念碑，造型獨特，基本上是正方形，又似自然狀態的巨石。其粗獷凝重和紀念館的格調一致。碑文很長，文筆有個性，動人處是抒發了故鄉人對彭總的特殊感情，說：「……將軍之功在於國，將軍之恩在於民，恩之大者尤在家鄉。將軍兩次回鄉，或亦獲咎之由。初則成萬言之書，致有廬山之難；繼則作八萬言之辯，終至京城下石。父老呼青天，不計榮枯，終情

銅像廣場

如一日；鄉人懷內疚，但傷連累，欲報德於九泉！」作者筆端隨處流淌著濃重的感情，說：「其功、其冤、其志、其節，令人景仰、令人扼腕。實前無古人，後無來者！」談到建館之事，說：「……中央關心，地方用命，軍隊鼎力，百姓掬誠。捐款踴躍，獻策紛紛，南北響應，勢如潮湧。其中可數可述、可歌可泣者，非一言一文能盡……」如此等等。讀之令人心潮激蕩。

紀念館之前，即為銅像廣場。在三湘之地，有三個銅像巋然而立。這個銅像廣場地勢最高，並非人謀，而是依山自然形成。它坐落在彭總故居前的臥虎山丘嶺之上。銅像加基座高八點一米。這當然是設計的，以寓「八一軍功」。站在銅像前向南望去見有數百米的大道懸在前方。始感銅像廣場的高大巍峨。這時，前來瞻仰的人漸多。有一旅行團數十人，獻花、拍照、留連瞻仰。一位帶隊的長者忽發高論，他指著這銅像和對面恢弘的紀念館說：「你們看，你們看這氣派！這樣安排好啊！兩處都是江澤民同志的題詞，對彭總這樣安排人心得平……」這話引起德池弟的共鳴。他感歎不已，說：「說得對頭！」

在我們民族的道德理念中，彭總顯然居於制高點。有形的碑文會風化剝落，無形的心碑才會曆久。今後，人類在走向自我完善的過程中，他的形象當會日益顯出光輝，正像莎士比亞說的：「只有道德才能傳至久遠的未來！」

【注】

（1）「三湘」湖南中部湘潭、湘鄉、寧鄉三縣俗稱三湘。

（2）「千萬計」中國科學院公開的報告稱，保守的估計死亡一千五百萬人。《中國共產黨的七十年》一書認為二〇〇〇萬人。一九六三年署名金輝的研究報告結論是「低限值也在四千萬人」。二〇一二年有解密檔案說是三千七百五十五萬人。

韶山「日落」之後

韶山，多麼光彩，多麼令人嚮往。幾十年間，中國人都說你是「紅太陽」升起的地方。「古稀」之後，才有機會扶杖而去，總算圓了一個夢。一九九九年十月二十五日，經湖南湘潭前往。不巧，大霧。我說：「糟了！」同行的德池老弟問：「什麼糟了？」「不好拍照了。」火車到站之前，和站臺上的工作人員閒聊。他們說：「現在去韶山的火車每日對開一班，過去主席在時是兩班。」主席去世之後，一段時間不開了，韶山人有意見，說：「不應人去茶涼嘛。」其實不是「茶涼」的問題。在開出的這班車上，乘客的確很少。現在公路修得好，汽車招手即停，所以，為此一小時的里程，到車站等車的人不多。可是，當地人對我們這些早一點晚一點無所謂的老人，還是建議乘火車，認為寬敞，坐著舒適。的確是如此。

火車急馳，車廂裡寬鬆而安謐。關於韶山的往事，泛上心頭，想到周立波寫的《韶山的節日》。當年，他以作家的身份在湘潭縣任副職，體驗生活。主席回鄉，他撰文記述群眾的歡樂心情和活動始末。這樣的題材，這樣一位大手筆，文章當然是精彩的。文章在南方的報刊上發表之後，全國報刊立即收到上級少有的通知：此文不准轉載！當時這倒啟發我們認真一閱。大家一時不解。後傳是因為寫了偉大的無產階級革命家向非無產階級的先人頂禮膜拜。認為這是對偉大領袖的褻瀆，不論主席做了還是沒有這樣做。「文革」中周立波同志受到嚴重迫害，此乃罪行之一。

車抵韶山站，見十多部中巴一字擺開停在站外，忙著接待遊客。每部車的窗上貼著一樣的路標：「火車站——故居——滴水洞」。「滴水洞」三個字寫得特別大，這出人意外。到韶山來，滴水洞雖然想看看，總覺得只能是附帶看看吧，還擔心關閉著不讓看呢，沒想到它在旅遊線上重點推出。中巴的乘務員向遊客反覆說明：「先去滴水洞，先看滴水洞，先遠後近。」

中巴沿著山坡蜿蜒而上，片刻即到。這時天下起雨來了，德池老弟去買了兩把傘。我們在雨中緩步而行，至入口處，見毛澤東題寫的「滴水洞」三個字，遂在雨中拍照，也不計質量好壞了。門前有警衛巋然而立，這是其他風景區不多見的，說明此乃軍機要害之處。進得山門，一邊是山崖，一邊是山澗河流，有層層水壩。山崖上有很多名人留下的碑刻，我們打著雨傘，一一拜讀，都是當代政要的留言，大多是「頌」（《詩經》風、雅、頌的「頌」）。你看，元帥詩人陳毅就沒有詩興，只寫了這樣一句話：「某年某月某日到此，實現了許多年的宿願，永志不忘。」有什麼感想？不忘什麼？均付之闕如。是留有餘地，還是不便言及呢？葉帥則有四句：「六億同胞呼萬壽，五洲壯士稱導師，頌溯河源到星宿，韶山風物耐人思——一九五六年三月於韶山。」他說主席偉大之源上溯到了星宿了（大救星），韶山這地方真是值得人深思啊！王任重的幾句話是坦率直言了：「韶山風光依舊在，人世幾經滄桑，壯志已成大業，何須衣錦還鄉！」這當然是針對滴水洞的營造而言的。一九五九年毛澤東還鄉，對省委書記說：我總是要告老還鄉的，給我修一個棚棚如何？省委書記請示中南局書記陶鑄，批一億元建滴水洞。主席那次回來，請鄉親們吃一頓飯，飯後孩子們還在用舌頭舔碗（電影中反映）。那時大饑荒已開始在國內出現，山崖上沒有刻出彭德懷的石破天驚之語。彭一上廬山，就在西北組的發言中說：「許多省都在為主席建行宮，這是搞的什麼名堂！」（見李銳著《廬山會議實錄》）這話當然包括滴水洞。重慶建「萬歲宮」，餓死人最多的河南，在鄭州北邊所建的更具規模……

現在看起來，滴水洞的建築並不怎麼豪華，不過是在山坳中蓋了兩組平房，稱之為「一號樓」、「二號樓」。兩組房子的造型相似，面積相同。據說是知道主席和江青多年分居，設計者不得不如此安排。主席曾住過一號樓，向陽一側是長長的走廊，紅地毯，設計者參照的是中南海懷仁堂裡的光景。走廊之側是一個個大的房間，有大的玻璃窗，遊客可以一個個看個清楚。第一個是會議室，然後是辦公室、臥室、衛生間……寬大而高爽，沒有什麼高級的裝潢。那格局全然是中南海裡毛主席故居「菊香書屋」的樣子，連會議室裡的沙發的顏色和款式也是一樣的，只是沙發背後沒有書架……

大家緩緩漫步參觀，一邊聽錄音介紹。廣播員首先講到，毛主席在這兒寫了那封給江青的著名的信，說是住在這「西方的山洞」裡，早已察覺了林彪正在搞陰謀！幾天之後，離開這

滴水洞

「西方的山洞」時，通知出發，沿途保衛、鐵路安排，汪東興同志已佈置好了。可是，主席忽然決定不走，之後，忽然又走，當是英明睿智，用兵如神吧。史稱：闖過上海，平安回到北京。林彪始感大勢已去。這是政治舞臺上驚心動魄的一幕。後林彪折戟沈沙，有敗亡溫都爾汗的下場，實情還是一個謎。

滴水洞的兩組平房裡有可通山間的防空洞（洞長百米左右，逐節有大鐵門，但是都開著，空無一物，外有出口。）還有兩個小賣部，出售紀念品。營業員服裝整潔、儀態端莊、語言規範、訓練有素，熱情邀請大家看「主席回鄉」的錄影，重點呼籲大家「請」主席的寶像，說是難得的精品，是按照廣場上的大銅像製作的，數十元、百餘元不等，「請」回去可以保佑你和你的家人。重點介紹，不久前，銅像揭幕時出現的「兩大奇觀」。一是杜鵑花提前四個多月開放了；一是在揭幕時「日月同輝」，即上午十時月亮和太陽同時出現在主席像的兩側，歷時八分鐘。這個「兩大奇觀」，迅速傳揚，到處擴散，我們還在湘潭時即聽到這個說法。

在韶山，我曾悄悄地問一個營業員：「這是真的嗎？銅像揭幕時，太陽、月亮也改變了軌跡，不早不晚同時到達，前來祝賀。八分鐘後又回去了？」小姑娘睜大眼睛，說：「當然是真的！你看，你看，這兒還有照片嘛！」我不恭地聯想到這些年來，一些氣功大師，不費什麼事就可以在書上印出頭像上的光環。可是德池老弟卻批評我：「你提這個問題不是廢話嗎？你看人家，都是怎麼說就怎麼聽，你叫這個小姑娘好說什麼呢！」

回到韶山時，到了吃飯的時候，一下車即有許多飯店的服務員圍上來邀請，叫人不知如何是好。其實都是「毛家店」。一眼望去，「毛家飯店」、「毛家酒家」、「毛家餐廳」……少說也有幾十家。此時雨略小，我拍下韶山的這一大景觀。價格貴也遠近聞名，「既來之，則安之」，再貴總是要吃的。坐下來，先點「紅燒肉」，毛主席最愛吃，又是韶山毛家店的名牌，總是要見識一下。一盤端上來，用紅辣椒、蒜瓣似紅燒又似爆炒的方法做成，撒上綠色的蔥花，色彩甚好。全是肥的，幾乎看不到精肉，但是吃著並不肥，因為是在熱油裡走過的，二十八元一盤。炒一個青菜十元。當時覺得太貴。市場經濟，如同《三國演義》上黃蓋的故事：打的願打，挨的願挨。

找一個小店住下，休息片刻，打著傘，去看其他景點。老闆娘熱情，說：「我帶你們去，我在旁邊等你們。」「為什麼？」「規定不准上去拉客人。」她是避嫌，警衛人員是認得她的。看看這一塑像的造型，也了卻多年的願望。因為這是劉開渠先生（全國雕塑家協會主席）生前最後一個作品，劉是故鄉人，有世交。童年即不斷看到他從法國寄回的照片、圖畫，使我知道世界上有一個法國，知道「凱旋門」、「羅浮宮」是什麼樣子。關於奉命塑造這一銅像，前些年他稱有力不從心之感。也許是年紀大了，或是覺得這像已塑得很多，難以有什麼突破。仔細看看，劉老這一遺作還是很有新意的：主席的雙手

毛家店

自然地放在腹部，神態和平、安詳。不是「文革」中各地塑像的造型：挺胸抬頭，身穿戎裝，揮起手臂。那是在體現「四個偉大」，在說：毛主席揮手我前進！以滿足造神的需要。「文革」畢竟過去，劉老顯然是按中央決議的精神，把毛主席從神壇上請下來了。周恩來早在「八大」前就講過，毛主席是生長在中國土地上，是活在人民群眾心中的領袖（大意如此）。這是針對「星宿」、「大救星」提出的。反對「個人崇拜」是「八大」的主題之一。可惜後來歷史逆轉，造成民族的大災難。

韶山人會做生意，銅像之側有人冒雨還在賣鮮花。後在花明樓、烏石，少奇和彭總的銅像廣場上，沒有看到賣花人，遊人採野菊、喇叭花、三角梅向偉人獻上。看過三處後，難免有比較。花明樓和烏石的銅像廣場，底座更高。特別是彭總紀念館的設計，更有雄偉的氣派和現代化的美感，是一獲獎的藝術精品。這三個地方靠得很近。

出人意料，那老闆娘還在廣場之側冒雨等著我們。看到我扶杖而行，老闆娘總是攙扶著我，不斷說：「路滑，路滑！」她帶我們去看「毛家宗祠」，留下兩個印象：一是把家庭譜系居然從炎帝寫起，不知是在哪一年，忽然有了這樣的想像力；一是重點反映，毛澤東來到宗祠的表現。有文字記載，他進來之後，立刻就說：「不管三七二十一，先作個揖吧！」這是多麼親切生動的語言！周立波當時沒有聽到，如果在場，他說不定會寫到自己的文章裡去呢。

韶山還有毛澤東紀念館、紀念園，反映他波瀾壯闊的一生，而重點是一九四九年前的材料。

韶山是一個重要的視窗，我們可以從中清楚地看到幾千年的文化積澱，看到革命傳統給我們留下的一些遺產。歷史需要「解讀」。葉帥游韶山，留下的詩句要求我們「多思」，說「韶山風物耐人思」無疑是正確的。

當年，周立波赤誠撰文，寫了毛的掃墓，因而獲罪。今天不再會有這樣的事，我們的社會還是進步了。

【注】

此文發表，讀者說這使我們看到了真的韶山，既有「封」的殘餘，又有「資」的波瀾，更有革命歷程中問題的反思。寫這一題材的人很多，但難以擺脫「韶山日出」這一個主題。周立波略微講了幾句真話，不符合「頌」的要求，在文革中即大吃苦頭。今天的韶山，最耐人看的，當然還是開渠先生留給我們的作品。主席恭謹謙和的形象反映了億萬人民的訴求。只是社會發展的路不平坦，重慶主席像驚人的高大，長沙橘子洲頭主席像無比的宏偉，是另一種思路。

訪花明樓

——劉少奇的家鄉

夜宿韶山。次日清晨，天剛亮，老闆娘就按照我們的要求喊我們起來。她說：「車子到門口了，等你們了。」看天色，雨住了。地上還有積水。雨過天晴，更有涼意。和德池弟早飯也沒吃，就匆匆上了車，前往花明樓——劉少奇的家鄉。

花明樓是一個鄉，在寧鄉縣境內，和韶山村相距只有三十公里。原來劉少奇和毛澤東這兩個中國當代的巨人，親密的搭檔，是這樣近的同鄉。

我們在劉少奇紀念館門前下車。抬頭一望，那寬寬的臺階，高大的牌樓，氣派好大！牌樓上嵌有「劉少奇紀念館」幾個大字，那是小平同志的手跡。臺階之下，正有幾個人開始設攤，準備出售一些紀念品。我們在臺階之上徘徊，等待開門。一個年輕的攤主上來和我們搭訕。他可能是看我們年事已高，扶杖而來，且到的如此之早，忽然提出一個叫人意想不到的問題：「你們是劉少奇的戰友嗎？」啊，真是榮幸之極！我說：「他是國家主席呀！」這時忽然想到了時傳祥。我說：「你知道有個時傳祥嗎？」「知道，知道，館裡有他的照片，和劉少奇的合影。」「劉少奇和時傳祥握手時說：咱們只是分工不同。（時傳祥是一位掏糞的清潔工）按照他的這個說法，大家都是為人民服務的戰友……在群眾活動場面，我看到劉少奇幾次，可是非常遺憾，非常遺憾，他沒有看到我……」幾個人都笑了起來。

一刻，紀念館開了大門。走進門去，是一個長長的陡坡，寬寬的路面，兩側鑲著花壇。首先到達了「銅像廣場」。劉少奇巋然而立，神態逼真，身著大衣，手拿煙捲，沈思遠望。銅像高七點一米。據說寓意「七月一日」是黨的生日。而七十一歲又恰恰是劉少奇的生年。這時曙光初照，光線漸好。德池弟興致勃勃，左右端詳，選取一些角度，囑我給他和劉少奇合影。還鄭重地說：「洗好寄給我呀！」這位在烽火硝煙中戎馬半生的老革命，顯然對劉少奇有一種革命戰友的情誼和崇高的敬意。

我們坐在廣場周邊的短牆上小憩。這時見下面一輛輛大巴接踵而來。到達這兒的第一批，人人胸前別著「湖南師範學院」的標籤。緊接一群二三十人，是「廣州法學會」的。這些知識份子，衣冠楚楚，歡聲笑語。看到這些當年是「老九」，今日是主人的群體形象，叫人不由想起劉少奇講的那句話：「好在歷史是人民寫的。」事實正是如此！

一九六六年，文革的風浪驟起，到處響起「毛主席萬歲」的呼聲。在平日警衛森嚴的中南海裡，劉少奇居然被揪鬥。「被殘酷毆打，打得鼻青眼腫，鞋子都掉了……」王光美同志曾回憶說：「劉

劉少奇同志紀念館

少奇已經意識到，是生死離別的時候了，他緊緊拉著我的手，以平緩的語調對我說了這句最後的遺言……」

所謂「意識流」吧，這時不由汨汨而來：劉少奇的兒子劉源曾回憶說：「……在中南海，造反派狠狠地把我父母緊握的手掰開，將他們隔離關押時，父親拿著一本《憲法》，大聲說：『我是中華人民共和國主席！你們怎麼對我，無關要緊，我要捍衛國家主席的尊嚴。你們這樣做是侮辱我們的國家！……』」

「五四（年）立憲」之後，《憲法》不曾有用。《憲法》在這時才這樣地派一點用場——用以作為鏡子，對照生活。當時是「和尚打傘，無法無天」了。二十多天之後，劉少奇死於被押送之處開封。火葬的申請單上被寫著，姓名：劉衛皇，職業：無業者。一代偉人這樣走完了人生的路。夫人王光美從那時起，坐了十二年的監牢。

今天，在遊客中看到有「法學會」的大批學員。他們結隊前來瞻仰劉少奇。他們從「法」的角度會有怎樣的思考呢？這兩批遊客在我們面前走過時，我們站起來尾隨而行。他們有導遊講解。我們有時也跟著聽聽，有時自己觀看和憩息，一步步走過龐大的園區。

先到了劉少奇的故居。故居前臨水塘，後靠青山，十幾個小間套在一起，形成一個整體，是極簡陋的土木結構。正堂屋供奉著祖先的神龕……講解員說，一九九一年江澤民同志來此，他說：「這和毛主席的家是一模一樣嘛！這樣保持鄉土氣息很好。」的確，那結構、那質量、那規模都差不多。到臥室看到少奇母親的像，他感歎到：「劉少奇真像他的母親。一個普通農民家庭出了這樣一個歷史巨人，真是不簡單。這是湖南人民的驕傲啊！」

在故居門前，講解員叫大家站定。她講一個故事：文革到來，這兒不僅是抄家，而是徹底搗毀砸爛了。可是這塊牌子（指門上寫著「劉少奇故居」的匾額）保存了下來。這是公社的炊事員，從廢物中撿回來作為砧板的。許多年間一代代炊事員注意保密。時間一長沒人注意了。現在翻過來，又回到這原來的地方。在反面還有許多切菜留下的刀痕呢！

故居之南有一紀念館，外形莊嚴雄偉，八個展廳各有特色。按時間順序，展示了劉少奇光輝戰鬥的一生──青少年時代；早期工人運動；白區工作；領導奪取全國勝利；領導新中國的建設；曠古未有的悲劇；還有各界人士參觀剪影。八個展廳之間，遊廊相接。在展廳環繞的大院中建有古色古香的紀念亭。展館內是古樸典雅的風格。館外則是壯觀的現代氣派。漫步其間，感到莊嚴肅穆而又親切自然。

大量的歷史文物，一時哪裡看得了！對研究者來說，無疑是珍貴的第一手資料。到花明樓來，聽到的話時有感情色彩。可是連他們（日本研究中國現代史的「尋根訪問團」）也說：「這兒是研究者不可不到的地方。」作為理性思考的結晶，他們重點是以花明樓的材料寫出《中國現代史折光》這樣的研究報告。我匆匆走過，記憶所及劉少奇自己手製的竹筆筒，上邊刻著「松鶴圖」；有他使用過的硯臺，有《論共產黨員的修養》的手稿；一九六一年回鄉進行社會調查時用的草帽、眼鏡、公事包、坐的吉普車，特別是各個時期親筆撰寫的文稿、電報、指示……

講解員時有深情感人地敘述：

「一九六一年，劉少奇下鄉作調查，他拒絕省委的陪同，不住招待所，以普通勞動者的身份出現，住在公社萬頭豬場的飼料房裡。早春的風，把豬圈裡的臭味陣陣吹過來……他曾用小棍撩開風乾的人糞，發現多是草根樹皮。他挑起來聞一聞，沒有一點臭味，這是糧食少的緣故……這個大隊實際產量是七十二萬斤，上報一百二十萬斤。徵購糧三十二萬斤，年人均口糧兩百三十斤，還要留種和飼料，如何吃得飽……大辦食堂時有百分之六十的社員被迫搬家，拆掉了百分之三十的房子，不少人家忽然變成三代同房…… 面對工作中出現的嚴重問題，一九六二年，他代表中央作誠懇的自我批評，說犯了高估產、高徵購、瞎指揮的錯誤。談到由於黨內不少領導同志不夠謙虛謹慎，違反了黨實事求是和群眾路線的作風……」

劉少奇出於「為人民」的赤子之心，是否過於誠懇了呢！他甚至對中南海和湖南省委的負責同志講：「現在有一股風氣，一切從上面的意圖出發，這是非馬克思主義的。」他對大躍進的反思和評說，遠遠超過了彭老總那所謂的「萬言書」的一封信。把功過說成三七開，甚至倒三七！重點歸結為「人禍」這主要原因。

講解員始終是從正面講述，而長在自己脖子上的腦袋難免想到：難道這是他為走向悲劇結局在作鋪墊嗎？劉少奇天真地按黨性辦事，「大躍進」之後，在中央的會上說：「我是國家主席，由我檢討……」他主動承擔責任。

那些年，一個更為強大的「主流意識」在營造，那是和「八大」反對個人崇拜的路線相反的路線。題詞「向雷鋒同志學習」，囑中央首長們，包括所有的元帥都要題。首先因為他是「讀毛主席書，聽毛主席話，做毛主席（個人）的好戰士」。林彪心領神會，在題詞中挑明這一點。至於雷鋒的「做好事」，是各時代、各階級、各種宗教共同標榜的道德準則。

八屆十中全會之後，全國報刊收到通知，「黨中央、毛主席」的提法一律改為「毛主席、黨中央」。當時意識不到這一句話的通知，是一個國家歷史轉向的標誌。從此，「個人在全黨之上」被公開地肯定下來。

劉少奇的悲劇，以及全黨、全國人民的歷史悲劇，是否源於這「個人和集體的關係」的顛倒？

「八大」反對個人崇拜，決定以經濟建設為中心是正確的、偉大的。可惜它的正確和偉大，是由歷史從反面證明的了。

展廳裡的展覽品說，文革中認為有一個什麼「以劉（少奇）鄧（小平）為首的資產階級司令部」，這是「莫須有」。可是歷史材料又似在說明，真有兩個無形的「司令部」了：一個是搞「唯實」的，一個是搞「唯上」（唯心）的……

建國之初，劉少奇有「天津講話」。那體現了「新民主主義要一個相當長的時期」的原則精神，是「唯實」的。不久受到批評。要加

劉少奇故居

快社會主義革命的步伐，奔向共產主義。只有「唯上」。

周恩來、陳雲同志曾經「反冒進」，這是「唯實」。毛澤東立即反對「反冒進」，在南寧會議上叫他們檢討。他們只有「唯上」。

張聞天、彭德懷等對「大躍進」左的路線提出意見，是「唯實」。毛澤東說他們是反革命俱樂部，把他們打倒，要求一定要「唯上」。

劉少奇在農村的這調查是「唯實」。後來呢？

作這樣的聯想和概括，實在有點不恭。因為在這湖南的中部，今天有毛、劉、彭三個銅像巋然聳立。這給我們留下多少光榮、多少遐想、多少困惑。三個人，兩個冤獄慘死，一個「晚年把自己也搞得很苦」（葉劍英語）。他們的人生戲劇至此落幕！在形成這個結局的漫長時日裡，中國人民經歷怎樣的苦難，國家蒙受幾多損失？今天說三位都是歷史偉人。如淡忘歷史教訓，會不會留下什麼問題呢？

歷史讓歷史學家去總結吧。其實到今天為止，有幾個歷史學家能寫真的歷史。「太史簡、董狐筆」，寥若晨星。野史可以透出一些資訊——那些真的史實和史論。如同有人所說：「當劉少奇、羅瑞卿支持毛澤東整彭德懷時，他們已經為自己挖好了墳墓。」（一九九九年第三期《書屋》雜誌第二十二頁）例如有文章《大人物的書》說《延安文藝座談會上的講話》是授意周揚、胡喬木起草的，而《實踐論》、《矛盾論》也是當時幾位哲學秀才和秘書代勞大半。因此作者說：「至此，我才明白，為什麼改革開放後，黨中央總是說『毛澤東思想是全黨的集體智慧與創造』」。既然是這樣，當年劉少奇完全歸功於個人，定於一尊，是否科學？這是否為後來的「大救星」、「萬歲」、「頂峰」、「四個偉大」、「兩個凡是」……總之，給「一身繫天下安危」，奠定了基礎？給黨內生活確立「唯上」的原則指明了方向，以致有後來合乎邏輯的、必然導致的不幸結局？

有人說：「在知道了歷史的真相之後，我們就不再那麼地同情有些人了！」（二〇〇〇年第一期《隨筆》雜誌第十九頁）時間才過去二三十年。唉！歷史竟是這樣的無情。

年過古稀，精力有限，走走就想憩憩。於是坐在廊下。旁邊也有一些參觀者，你一言，我一語，即興胡侃，聽聽倒也有趣……

一個說，到這兒才知道劉少奇有四次婚姻，應該說還是正常的。第一位夫人何寶珍，三十二歲被反動派殺害於南京雨花臺；第二位夫人謝飛，出身貧苦農家，三十九歲在新四軍軍部工作，敵人掃蕩，南渡時失去聯繫；第三夫人是王前，因和劉少奇不和，離婚再嫁。最後是王光美，一九四八年在西柏坡和劉少奇結婚。王是北京大學裡的研究生。

遊客都是經韶山而來，總是喜歡把少奇和毛澤東對比。也談及毛澤東的婚事。或因各色人等，來自四面八方，在光天化日之下，大庭廣眾之中，輕鬆隨意扯談，這給人以恍如隔世之感，或是太平盛世的風光。

一個說，婚姻是個人的私事、小事。一個說，婚姻對小人物是小事，對大人物是大事。美國萊溫斯基這樣的事，發生在老百姓身上，不是什麼事。可是，發生在克林頓總統身上，就被獨立檢察官整得要命。他只有在電視裡向全國人民低頭認錯。這是個人的「醜聞」，又是政壇的「佳話」，說明有人民監督的機制。中國還不會發生這樣的事件。如果婚姻和封建專制的權利結合，那可不得了：「一笑傾城，再笑傾國」，國也讓你給「傾」了……

「不能只怪女人不好，說女人是禍水！前幾年，公審江青，法國婦女組織發表聲明說：她是罪有應得，可是也不應叫婦女代丈夫受過。這是女權問題，法律應人人平等！對這個詰問不知道如何解釋才好。在法庭上江青自認不諱地說：『我是毛主席的一條狗！』工具而已。」

「我看劉少奇這個最大的冤案，雖是平反了，這展廳裡的材料還沒有說清楚是怎麼回事！」

「古今多少事，都付笑談中。」

不過這件事叫人笑不起來。遊人的閒扯，反映了社情民意。啟發我在展廳裡找一找，看對劉少奇亡故的原因是個什麼說法。

我發現說法之一：「……林彪、『四人幫』一夥出於篡奪黨和國家最高領導權、顛覆無產階級專政的反革命目的，捏造材料，蓄意對劉少奇進行政治陷害和人身迫害，並把一大批黨政軍領導幹部誣為劉少奇的代理人，統統打倒，造成了極為嚴重的後果。這是我們黨歷史上最大的冤案，必須徹底平反。」（見於一九八〇年二月平反《決議》）

說法之二：「……確鑿的事實證明，硬加給劉少奇的所謂『叛徒』、『內奸』、『工賊』的罪名，完全是林彪、江青等人的誣陷。」（見於一九八一年六月黨關於歷史問題的《決議》）

二十年前這些最高權威的文件，一致斬釘截鐵地說，始作俑者是林彪、江青。當時，能夠推倒「兩個凡是」，給劉少奇平反已經是謝天謝地，已經叫人感激涕零！至於究竟是怎麼回事，上邊說一是一，說二是二，餘悸猶存，不作追究。另一種說法是「顧全大局」，即照顧面子。魯迅先生生前說過：「面子是中國人的綱領！」他好深刻！今日視之，他真是個偉大的語言家！照顧「面子」，就要犧牲「裡子」即付出講真話、講人格、講法制、講理性思考的代價。幾十年間，左的路線對「國民性」的塑造是最大的「成績」。要求人們在心靈上走出左的陰影，不是一代人可以做到的。

不過，進行理性思考，被扭曲的人格的歸復，是社會發展的必然，一點辦法也沒有！有人感到不便講的話，就用「曲筆」。這是從魯迅先生那兒學來的嗎？

我想到雜文家欒朋先生的文章《白鐵雖無辜，猶當鑄趙構》，他說：「岳墳前只跪秦檜等四個奸佞，獨缺趙構，於史不符，於理不通，於法不公！但自明（朝）以來，這種歷史的怪現象，一直延續至今！究其原因，概在『只反貪官，不反皇帝』的傳統文化定式。皇帝總是聖明的，他殺錯了人，做了壞事，都是奸臣不好，受了奸臣的迷惑和蒙蔽。倘說岳飛式的忠臣良將是以生命為代價，維繫了神聖的君權，則佞臣就是用自己的名聲代皇帝受過，以保全君主英明，免於受人指責……」

告別花明樓前，買一點紀念品。我拿出一百元紙幣，攤主對著陽光看來看去，是怕有假。就在這端詳的時候，忽有人說：「你們看這

劉少奇銅像

票面，毛、周、劉、朱並肩而立。如果毛主席在，那還得了！肯定不會用這個圖案。劉少奇在天之靈，不知又作何感想……為什麼不是平常講的毛、劉、周、朱的順序，而是毛、周、劉、朱？」群眾又有一番揣測和評說。國人是處處突出政治。現在人都向「錢」看，想不到這「錢」裡邊也有微妙的政治。

我在花明樓，特地抄了尤非池老先生一首詩，以饗讀者：

柳暗花明舊草堂，大風高唱喜還鄉。
虛懷親聽芻蕘策，仰德人瞻日月光。
豈料蕭牆偏及禍，可堪冤獄竟飛霜。
生平功業終難掩，自有英名萬古揚。

夏都廬山告訴我們什麼

一九九二年，我終於逛了一趟廬山。

從二十歲起，華山、泰山、黃山、千山、峨眉山……都去過了，有的甚至不止一次。廬山沒有去，是對它沒有興趣嗎？不！作為「神交」，比起別的山來，它是貼得最近了。解放前，它是「夏都」。解放後，它也是重要的政治舞臺。咱們中國人，我看是最關心政治的，不知是「覺悟高」還是因政治關心個人，是安危禍福之所繫呢？在長期的編輯部生活中，特別是在有些歷史的關鍵時刻，可以說是日夜注目廬山上的動向，真是「心嚮往之」！

「政要」都往那兒去，當然是個好地方。好旅遊的我，怎能不想去呢！

過去不忙去廬山，也是因為知道：船到九江，即有汽車送你上牯嶺，到各個景點去沒有多少登山之苦，年老體衰時去也不妨的。現在是到時候了，已年過花甲五載，一年兩次手術，還要堅持化療。兩次化療的間隙，醫生說可以略為走動走動。是啊！現在不去等待何時！

是年八月二十三日，報上發表顯真同志的文章《春蓮來到教授家》（春蓮是皖南山區的姑娘，外出謀職，在我家打工，半工半讀）。文中有一段說：「廬山是老丁嚮往之地。一天在家，三人閒談，老丁突然說：『我們去玩一趟廬山吧，回來的路上順道去春蓮家看看。』夫人孫雋反對，覺得身體不宜。老丁說：『我們投票表決吧。』春蓮聞言，十分高興，立即把手舉起來。結果是兩票對一票。老丁說：『少數服從多數嘛！』對能不能去，又作了一番論證，最後下了決心。」

九月三日下午和孫雋、春蓮三人上船溯江而上。五日凌晨，船到九江，本想住到山上去慢慢看看，考慮精力不濟，在九江住了一晚。次日晨上了「一日遊」的車子。出城數裡，開始上盤山路。路修得好極了。只是左旋右旋而上，可能是車開得太快，都說：五臟六腑，被搖得難過。車子不斷上升，氣溫不斷下降，我則是身上不斷出冷汗。年輕的導遊忽說：「毛主席當年就是從這兒上山的，他有詩句『躍上蔥蘢四百旋』，其實只有三百九十九旋，還有一旋是他腦子想出來的……」作為詩詞，說「千旋百旋」也無不可。這個小傢伙是出語不恭，還是用詞不當？有遊客著意看看他。我想：還好「文革」已經過去……

車子首先開到「中國共產黨廬山會議舊址」。導遊通知停車二十分鐘，說這兒是一個重點。有趣的是：江西美術出版社的《廬山》一書，對所有景點一一介紹，唯獨對這個所謂「重點」一字未提。原因何在？耐人尋味。是避開政治。導遊介紹，解放後在這兒開了哪些哪些重要會議。最後說：彭德懷就是在這個會場被批鬥的。會場是用巨石砌成，可坐千餘人，解放前建成。那時沒有公路，建築材料是人背上山。導遊說：「當時是一個浩大的工程。」

許多人在走廊裡，看當年中央領導活動的照片。我擠不進去，緩步在樓上樓下各處看看，那短暫的幾分鐘裡，腦子裡閃出批彭、黃、張、周的情景。史料稱：「文革」群眾性批判會上，辱罵叫囂，無中生有，無限上綱……的氣氛，不幸在這兒早作了預演。張聞天在理論上和道義上的優勢，更加叫人不能容忍。「悲劇」特別震撼人心。所以，提到「廬山會議」時，人類的良知、良心首先撥動了被悲劇以其後果刺痛的神經，似乎別的「廬山會議」都不存在似的……

門前佈置了一個攝影點，豎了一個牌子，放一盆花，一張籐椅，在這兒照像心情是複雜的，但又是極重要的。許多年注目廬山，就是注目著這兒。這樣說來，此次前來，最重要的事就是拍這一張照片了。

會堂的西側，有廬山大廈，這是廬山最宏偉的建築，有牌子標明：「國民黨中央訓練團舊址」。是國民黨「夏都」的印記。面對那高聳的臺階，我沒有上去。半個世紀前的往事在腦際閃過，所謂「意識流……」

決定民族命運的廬山會議前後是兩次：第一次主角是蔣，他進行了抗日戰爭的總動員。經過八年浴血抗戰，得到勝利，中國成為世界

廬山含鄱口

四強之一，在聯合國中居於重要地位。第二次主角是毛。在他的領導之下，祖國這一個航船突然繼續左轉，使中華民族陷入災難的深淵，餓死的人達三千七百五十五萬（據解秘檔案和楊繼繩的《墓碑》一書）。

——一九三七年，日寇繼續南侵。蔣介石迫於內外的形勢，終於接受了全面抗戰的主張，在廬山說「如果戰端一開，就是地無分南北，年無分老幼，無論任何人，皆有守土抗戰之責任……」我從十一歲起，在戰火中流亡於豫、鄂、湘、皖諸省。一九四四年，和一個同學步行半月，越過已被日軍打通的平漢路西去。一時沒有依託，去投奔收容山東流亡知青的國立二十二中。我不是山東人，想好了一句話，說：「我是投奔到後方來的，抗戰地不分東西南北，人不分男女老幼！」老師看這話出於一個衣衫襤褸的青年之口，頗感意外，頗為感動，立即說：「好吧，考試一下。」感謝上帝！這樣我找到一個吃飯的地方。在這個集體裡，我又千里奔波，從伏牛山脈到武當山脈，而後溯漢水而上，跨過東經一百一十度線（中日雙方相持的一線），到秦嶺、大巴山之間的峽谷，度過了抗日戰爭最艱苦的歲月。

這是抗日戰爭，我生活的轉捩點。——一九四六年，內戰又起。我寫信給在國民黨軍方工作的十叔，大意是說：「我看（國民黨）政府糜爛腐敗，大勢去矣！蔣又到廬山上去避暑了，你為之打仗，有什麼意思呢！」這封信很幼稚，險些危及在他那兒工作的劉澤同志。四十年後，十叔和嬸母從臺灣歸來，在上海宴請親友，我因病沒到場。嬸嬸在席間還說：「這個德生，當年把個共產黨弄到我家裡來了。」一時過境遷，是作為歷史花絮，談著玩兒了！

——蔣介石的棺木厝於桃園。幾年前報端公佈，廖承志致書蔣經國，歡迎他歸葬大陸，或在南京、或在奉化、或在廬山……（又是廬山）

世間多少事和廬山聯繫在一起！

從廬山大廈轉過身來，回望廬山會議舊址，我吃驚地發現，濃蔭環抱之中，它是那樣的突出，陽光灑在它身上，和鬱鬱蔥蔥的綠蔭形成明顯的反差。我情不自禁地拍了一張照片，自信會有良好的效果。

接著，車子把我們向東南方向最遠的景點——「含鄱口」送去。這兒果然氣勢不凡，高聳於鄱陽湖上，五老峰矗立於左，九奇峰拱峙於右，中間的壑口，口含鄱陽湖。遠眺波色連天，近看奇峰壯麗。據說是觀日出的最佳處，附近有石坊、石亭的點綴。在一個石坊後邊，有一個攝影點。營業人員說：「這是毛主席當年照像的地方。坐下來照一張吧！」我仔細端詳一下，其背景並不反映含鄱口的特色，還不如坐在懸崖處，以五老峰為背景照一張，以說明「到此一遊」。

接著，導遊叫我們步行一小時，穿過山間的杉樹林。茂密的樹幹高聳，步行其間寒氣襲人，真是到了大自然的懷抱，不見一點人工的雕鑿之處了。一路經三寶樹、黃龍潭、烏龍潭，又復回到人間。我們上電站大壩，汽車已等在那兒。導遊正在給先後到來的遊伴們講些什麼。我也湊上前去聽聽。只見他向南邊的山巔指著，說：「你們看，那山頂的曲線，像不像列寧的頭部。我們中國人最革命、最熟悉列寧。所以在這兒，人們都可以看出是列寧。」我望過去，果真是像極！那光頂的頭、巨大的前額、鼻樑、特別是嘴巴下的大鬍子，好似人工雕鑿而成。大家驚異不止！上車之後，司機說：「都到了吧？」有兩位去「方便」，還沒回來。於是我又跳下車去，迅速把永駐山巒仰天而臥的「偉大列寧」拍攝下來。

車子迅速啟動，左右的景物在流動，我還想著那面對蒼穹的「列寧」。意識流閃過：列寧格勒人民的公決……；海軍將領齊集「阿芙樂爾號」的降旗升旗……歷史這樣的無情，不可思議……

司機煞車，來到一個去處。大家下來，導遊說：「從這兒下去就是仙人洞。也就是江青拍照，毛主席給她題了詞（詩）的地方。主席當年題的詩句是：『暮色蒼茫看勁松，亂雲飛渡仍從容，天生一個仙人洞，無限風光在險峰。』」導遊把眼前這美好壯麗的山河，首先和江青的名字聯繫在一起介紹，豈不叫人倒胃口？

我們還是以蒼松和怪石為背景，照了幾張照片，並請導遊和我們三人合照。大多同遊者步行而下，走一段高低錯落、曲折驚險的山路，去看那「無限的風光」。我們步行到「花徑」等候遊伴們，於是坐在石凳上遠眺：腳下斷崖千尺，巨石嶙峋，夕陽似火。在那光燦燦的西邊石崖上，小批遊客如蟻登臨。仔細分析，那就是我們同車的朋友們。他們高舉雙手，向我們致意。我立即用相機拍下來，光影色彩斑斕、石岩景色壯麗、人情風景交融。這是多麼美的一個畫面啊！

遊客到齊之後，車子馳往牯嶺街，旋即下山返回九江。

在車上，我們這些萍水相逢的遊伴十多人，熱烈地討論起一個問題來：

廬山一日遊，費用十六元，不能算貴。開車後導遊說：「有四處要買門票，共十六元。為了節約時間，我們統一來買。」於是大家解囊。到此行結束之時，大家忽有所悟：只有入山時有一售票處，其他並未發現。車到山門時，導遊說：「幾位年輕的朋友下來，我們去買票，年長的不要動了。」下去五人，其他均乘車長驅而入，進山之後，再等他們。

因此有了下面的議論：

「為什麼售票處不查問的呢？」

「這不是很簡單嗎，利益均沾。何樂不為！」

「我們出的錢都進私人腰包了。」

「這有什麼奇怪，我看這只是小人物搞小動作而已。」

有一位忽然站起來，似想向導遊提出責問。同座的拉拉他說：「算了，算了，反正我們是應該出的，錢落到誰的手裡，我們就別問了，問也問不了。」

坐在我後邊的一個男青年忽然說：「你們談什麼？我怎麼聽不懂。」他和女友一路之上忙著演出他們的「廬山戀」，在他們眼裡一切都是美好的。廬山壯美的圖畫，給他們的生活增色。十多元的去處，他們無暇考慮了。

許多人笑了，「你們居然聽不懂！你們年輕人出來跑跑，也要瞭解社會嘛！」一位從北京來的長者說。

在九江小客店，一宿無話。次日，三人同去街頭蹓躂。值得一書者：長江大橋和新的九江碼頭建築都即將落成。「要得富，先修路」，預示九江即有蓬勃的發展。不覺來到「甘棠湖」，景觀有如杭州的西湖，也有蘇堤，白堤似的。堤，當然小得多了。我們重點看了「周瑜點將台」和「煙水亭」。這是一個精巧的建築群，浮在湖水之上。在小賣部看到有彌勒佛的石刻像，造型極佳，栩栩如生，不覺端詳良久。創造這個神真是我們民族的智慧。我對孫雋、春蓮說：「來來，我們來看這個對子。」

「大肚能容，容天下難容之事

慈顏常笑，笑世間可笑之人」

一旁還有許多小字，什麼「閒談莫論人是非，靜坐當思自己過」等等。我記不了許多，孫雋建議照下來。我們流連於甘棠湖畔，賞景和選取拍攝的鏡頭。手提一個相機，不會漫不經心，而是要著意觀察、捕捉美的畫面和有趣的瞬間，精神融於景物，作用不僅在於留下一張張圖片了。（後來廬山之行的照片「全軍覆沒」，這是後話）

傍晚，三人上一小船，東下池州。我是下鋪，對面坐著一位八十高齡的老人。交談得知是山東醫學院的外科教授。我說：「你怎麼也坐這四等艙？」他說：「你為什麼也坐這兒？哈哈，彼此彼此，知識份子嘛。」他和老伴同行，忽發感慨：「老了是要有個伴。我有三個孩子，她有六個孩子，不過都大了。」原來他們是重組家庭的蜜月之行。下了廬山，再去黃山，興致勃勃。問及夫人的職業，教授說：「老革命，十二級，幾十年搞政工，是糊弄人的。」夫人在一旁笑而不語。「我們這一代人浪費時間太多，有二十年吧。」教授感慨繫之。他的上鋪，是一位男青年，不斷和教授拉近乎。自稱池州各單位都有熟人，是如何親密的關係，都是可以給教授提供方便的。教授是頜首而不答言。看來他的警惕性很高，後來索性閉目養神了……

一覺醒來，船到池州，大家準備下船。我收拾東西，突然發現放在枕邊的小包輕了，伸手一摸，照相機不翼而飛了。這時遊客湧動擠著下船，對我的遺失，有的同情，有的惋惜，有的責怪，說：「路上要當心啊！」也有的說：「早些發現就好了，也好查一查。」對面上鋪的青年說：「你要不要查查我的包？」……

孫雋得知，吃驚、痛惜，一再埋怨：「你自己怎麼連個小包也管不好。」下得船來，她又怪自己睡時沒有拿去保管。是久久不快的情緒。春蓮的家就在池州南邊的山區裡。她怕我們把這懊惱的情緒帶了去吧，說：「已經丟了有什麼辦法呢！」我也感到心疼。為了儘快從這種氣氛中解脫，我說：「我們昨天學習的那個彌勒佛的對子：『大肚能容，容天下難容之事』，現在正好用得上了。」

孫雋長歎，說：「相機丟了還能再買，可是廬山上照的照片永遠沒有了。」她這一說，我真的感到悵然若失了。一個個鏡頭，頗費心機，自覺美好。對這些鏡頭，我只好在上邊著意記下幾筆，留在文字上，留在記憶之中了。

寫到這兒，不覺謅了幾句，作為結束，不知也可算作詩否？

昔望匡廬在關山，山在煙波浩渺間。
風雲變幻多詭譎，韶華虛度年復年。
巨人先後騎鶴去，吾鬚蕭然霜亦染。
安得黔首拂塵霧，採菊陶令可悠然。

廬山的秀峰，有陶淵明故居。陶詩有「採菊東籬下，悠然見南山」之句。

一九九二年十月

探訪

陳獨秀

瞻仰那一個老屋

這是一個「世紀的話題」。

陳獨秀長期淹沒在歷史的煙雨迷霧中。

陳獨秀在北京的故居，也是「五四運動」時，《新青年》雜誌的編輯部，還深藏在北京小胡同的深處，凋零破殘，沒有任何標誌。

最近，嚴秀老的文章說：「陳獨秀是中國近代史上的稀有偉人，也是三千年來中國歷史上屈指可數的大偉人之一……」五月七日，和老伴在天安門廣場散步，之後坐在東長安街路旁小憩，忽然想到陳獨秀的故居就在北池子附近的箭杆胡同，當在不遠，於是決定去看看。我們來到南池子路口，上了六路公共汽車，向北兩站到北池子下。這兒北邊就是沙灘，原北大的紅樓舊址了。打聽箭杆胡同，人多不知。問及當地老人，得到指點：「向回走，要經過一些胡同，在東南方向。你慢慢問吧！」我們曲曲彎彎走過四個胡同，時在午間，天氣炎熱，感到吃力，想到當年魯迅、李大釗、胡適參與辦《新青年》，從北大來此，是要經過這些曲折漫長的小道的。街區小巷仍似古老的舊貌。我們來到箭杆胡同，找到二十號。「是這兒嗎？」它的形象更叫人感到，時間停留在二十世紀初的那些年代。門大開著，我們冒昧地走進去，按理是一個四合院，可是院子裡又塞滿了房子，一點兒空隙也沒有了！當然，人是要進出的，留著「一人巷」。我們進去，一邊喊：「有人嗎？有人嗎？」沒有回音。我沿著「一人巷」走了四個彎兒，一直到底。房門多落鎖，沒有看到一個人。於是出來，到隔壁找人打聽。隔壁很熱鬧，門前掛著一個部的信訪室的牌子，再一側即是一個部的高大建築。正門在南邊。這後邊小巷中給上訪人員留個活動的地方。我們問負責同志。他說：「陳獨秀？不知道。我們正忙著，你到附近住的老戶去問問吧！」我們在巷子轉彎處站定，看哪一家有人出來。果然看到一位中年婦女。上前請教。她說：「就是你們剛才去的二十號。你們跟我來吧，我幫你們找一個孫老先生。你們要問的問題，他什麼都懂。經常有人來找他呢！」她帶我們重進二十號，給我們講：「老先生肯定是在午睡，不過也兩點了，也該起來了。」她猛敲一個房門。高聲喊：「孫老先生，有人找你！」許久才聽到房中有聲音。她說：「他起來了，我不陪你們了。」轉身而去。老先生開了房門，似略有不快，是覺得我們如此地大喊大叫吧。我想到孔明先生當年在隆中有話：「草堂春睡足，窗外日遲遲。」來客應該在階下等著的呀！深有歉意。孫志誠老先生說：「你們有什麼事？」我們說明來意，並呈上國務院頒發的「離休證」證明身份。老先生揉揉惺忪的睡眼，說：「請進吧，進來坐吧！」

走進屋裡，我立即意識到，到了一個重要去處。因為老先生

北京箭桿胡同20號

說：「這幾間是正屋，窗前的這些房子，過去是沒有的。（民居演變成這個樣子，真是幾十年社會發展形成的怪現象。院子一點也沒有了。）本是一個不小的院子，整個院子是我家租給陳獨秀他們的。西邊有一個牆，把兩個院子隔開。我家住在西邊，兩個院子之間的門，平時不開，只有軍警來干擾，抓人，才把門打開，讓他們通過。這個院子門在箭杆胡同。西邊院子通另一個胡同……」

老先生給我們倒茶。這時，我注意看看這幾間朝南的正屋，高大寬敞，只是目前已經破舊，且堆著太多的東西，幾間連在一起。我說：「陳獨秀當年就在這個屋子裡工作、生活，包括會朋友、談問題、研究稿件、處理《新青年》的編輯事務？」老先生說：「是的，主要是這幾間。」當年，共同辦《新青年》，集中在陳獨秀麾下的歷史人物有胡適、劉半農、錢玄同、魯迅、李大釗、高一涵、沈尹默、易白沙、周作人……他們是穿梭於此，聚會於此。

這兒就是《新青年》雜誌的編輯部！當時那個時代，催生了激進的民主主義者。他們以前所未有的猛烈性、徹底性抨擊舊文化，引來了以民主、科學為主流的社會啟蒙。因此，改變了一代人的觀念，給當時和後來的中國留下了深刻的影響。

陳獨秀是一面旗子，人稱之為「五四」運動的總司令，《新青年》是時代的號角。這個房子當年向全國發出怎樣的光焰和熱能。在我們民族歷史的發展中，是一次無與倫比的大覺醒。陳獨秀在《敬告青年》一文中說：「謹陳六義」，言簡意賅地提出了評判一切社會現象的現代尺度：

「自主的而非奴隸的，進步的而非保守的，

進取的而非退隱的，世界的而非鎖國的，

實利的而非虛文的，科學的而非想像的。」

他提出的這六點是原則，也可以說是一個綱領，一個治國的方略。經過我們民族風風雨雨八十多年實踐的檢驗，更看到他的正確性。在許多年的時間裡，我們有封建的復辟，鎖國的愚昧；有烏托邦的虛文，唯意志論的想像……在這個世紀之交，直面歷史的話，會感到尚未交出理想的答卷，所以李銳同志近有文章，說羞於談到迎接新的世紀。

一九二一年，我們黨成立。他的思想影響和組織發動起了主要作用。毛澤東再三說過，陳獨秀對他的影響「也許超過其他任何人」。陳獨秀在廣州，沒有參加「一大」，但「一大」一致推舉他為第一把手——「中央局書記」，這當然不是偶然的。他致函「一大」，提出四點意見：即發展教育黨員；執行民主集中制；注意組織紀律；爭取群眾，奪取政權。顯然是正確的指導。他所主編的《新青年》改為黨的公開理論刊物，刊出了《中國共產黨宣言》。這一文件，是建黨前夕，對黨性質、指導思想、組織原則和奮鬥目標等問題，進行討論的全面總結。這為中國共產黨的誕生作出具體的思想準備。

橫空出世，他發出「世紀的召喚」，無出其右！

披荊斬棘，他為建黨作出的貢獻之大，無與倫比！

怎麼這樣一位偉人，在漫長的時日裡不僅黯然失色，而且成了「反面角色」。盡可能的給他戴上了漢奸、托匪、右傾機會主義、取消派、特務，更有「混進黨內」、「投機革命」、「竊取黨的總書記」等等帽子，不一而足！其人生的戲劇，是如此的大起大落，折射出社會政治風光，是耐人尋味的。

蕭克老將軍給《陳獨秀詩集》寫的序言中指出：陳獨秀問題過去是禁區，現在是半禁區。所謂「半禁區」，是不少人大概還有顧慮。他認為不全面深入地研究陳獨秀，黨史就有片面性。不久前，看紀錄片《先驅者之歌》，居然看不到「五四」運動的「總司令」和對建黨貢獻最大的這位人物……

當然，「文革」早已過去，那時人民大學博士生導師林茂生因研究陳獨秀而獲罪。對一般人來說，心靈上擺脫「左」的陰影，並不容易，心有餘悸並不奇怪。因為在官本位體制中對歷史人物的評價，常常決定於「權」，看需要而定，提出不同意見，怕有所違礙。

但人的良知是不會泯滅的，歷史的迷霧總有廓清的一天，或遲或早！

經歷了二十世紀的歷史風雨，「解讀」陳獨秀的大起大落，比較容易了些。共產國際當年對中國革命的指導，造成怎樣的結果？陳獨秀不滿，毛澤東後來不是也抵制的嗎？中國有漫長而難以自拔的「左禍」，陳獨秀作為知識份子，有洞察力，且又個性剛烈，怎能不罹致災禍？他對革命的路有自己的探索，無疑這成為「更可怕、更陰險的敵人」。

陳獨秀五次被反動派逮捕，第一次就在箭杆胡同，一度成為震動全國的重大事件。最後一次是辭去共產黨總書記不久，被開除出黨之後，時在一九三二年，被捕囚於南京。直到抗日戰爭的全面爆發，日寇迫近，南京老虎橋監獄被轟炸，始得釋放。

對陳獨秀，國民黨不斷逮捕，長期關押；共產黨中有些人不斷誣陷，又欲置之死地。一介書生，向何處去？國共雙方在他身上形成迫害的合力，這是多麼典型、多麼富於戲劇性的生活畫面！真是二十世紀中國的一個奇人、一件怪事！

陳獨秀流落到四川江津一個山村，帶著屈辱的罪名，寂寞而憤懣地度過五年，離開人世。這一時期他有贈友人詩云：

何處相關感離亂，蜀江如几好棲遲；
相逢鬚髮垂垂老，且喜疏狂性未移。

後陳獨秀歸葬他的故鄉安徽安慶的長江之濱。

到了一九八五年，《黨史通訊》（第七期）發表了《關於陳獨秀一生活動的評價》。這是經過中共中央黨史研究室集體討論發表的文章。作為研究的成果，否定了「漢奸」、「投機革命」、「竊取黨的總書記」、「投降國民黨的特務」這些不實之詞。但當時還保留著「右傾代表人物」、「取消派」、「信仰托洛茨基背叛馬克思主義」這些帽子。靳樹鵬先生有《不絕如縷再評陳獨秀》一文。他說：「當時發表這篇文章的意圖，是顯而易見的，就是為陳獨秀研究劃框子、定調子。但閘門已經打開，是不容易再關的。」

大批研究者的論著出現了，一些論文集出版了，一些專著出版了。如王觀泉先生的《被綁著的普羅米修士——陳獨秀傳》，即忠誠地關照了史實。

「托派」這個詞兒，當年比「漢奸」、「特務」更加神秘和可怕，一般同志並不知道實際內容，反正是最陰險的敵人！這是史達林心態在中國的反映。《列寧遺囑》中指出了史達林的粗暴和專斷。果然，他一上臺即對其他老革命家有要斬盡殺絕之勢。托洛茨基、布哈林等當然是最險惡的敵人。因此，有論者說，陳獨秀皈依托洛茨基，是找另一條革命的路。在史達林的權勢如日中天之時，能如此，恰恰證明他的剛正無畏，心底無私，一心在追求一種崇高的革命理想。

據報導，為紀念陳獨秀誕辰一百二十周年而舉行的「陳獨秀與共產國際」學術研究會（全國第五次陳獨秀學術研究會）一九九九年在北京舉行，盛況空前。陳獨秀右傾問題也被會議徹底否定。這是在更大跨度上對歷史的反思。

詩人袁鷹曾來到安慶陳獨秀的墓前，他以《悵望一座墓園》為題，抒發了深沈的思考和情愫。他特別注意到陳的詩章。陳最後一次被捕在獄中五年，「他還寫了大量感時諷世、抒懷述事的詩，成為一生詩作的又一輝煌巔峰。」這說明他身陷縲絏，失去自由，依然懷著對國家民族的憂慮和對人民大眾命運的關懷。他生命最後十年間，拒絕國民黨的威脅利誘，寧願喪失自由，也決不放棄自己的信仰……」

陳獨秀居住地

北京箭杆胡同那沒有任何標誌的、古老的、破舊不堪的民居，再一次喚起人們的注意。孫老先生和當地居民說：「不斷有人來訪問，還有許多外國的學者、專家。一個年輕人跑來好幾趟，最近送來一本他寫的書。」孫老向我出示。題為《百年獨語——重說百年史》，作者李潔，文聯出版社出版。

是啊！回顧二十世紀的中國歷史，怎能不重點談到陳獨秀呢？

歷史的煙塵曾模糊了我們的視線。人們的認識離開了實際，領導的認識又常常落後於群眾。北京有許多名人故居，修建得很好。來到這箭杆胡同二十號，有「冠蓋滿京華，斯人獨憔悴」之感。這個問題想不久會得到解決吧。

「陳獨秀問題」是二十世紀留給我們的一個無法回避的問題。解開這個問題，國家的百年史、特別是黨史，才能清楚。

寫於建黨七十年之日

二〇〇〇年七月一日

叩問上海「漁陽里二號」

——中共孕育形成之地

久聞上海「漁陽里二號」，但是並不清楚它在黨史中的真正地位，作為一個老黨員，豈不應感到慚愧！最近是看到九年義務教育的中學課本，其中說：「一九二〇年夏，在共產國際的幫助下，陳獨秀在上海建立了中國第一個共產黨組織。不久，各地也先後建立起共產黨組織。」黨的組織從來是說一九二一年七月誕生的，這不是提前一年了嗎！

略為查閱一點史料，特別是到漁陽里二號實地看看，使我明白一個情況：一大的召開，如同一朝分娩，嬰兒誕生，而嬰兒在出生之前，在母體之中已經形成一個鮮活的、完整的生命。漁陽里二號，就是黨的孕育形成之地了。

主持一大的李達，在回憶錄中說：「在一大召開之前，陳獨秀在這兒建立的黨組織，事實上已是一個總部，而各地的黨組織是支部了。」陳是一個不務虛名的人，他抓緊時機去廣州開闢工作。為此，他事先和北京的李大釗商量。李大釗十分贊同，認為：一、前往，可以將社會主義思想迅速帶過去；二、可以在那兒發展共產主義者的組織。廣州是革命的中心啊。陳當時的心態，是以「發展」為急務。相對而言，對主持召開一大沒有十分重視。認為李達主持黨的宣傳工作，由他主持就行了。當時李達也在漁陽里二號，和陳獨秀住在一起。

陳到廣州之後，來信對一大的方針提出四點建議，是及時而正確的。陳沒有參加一大，但大會一致推舉他為總書記。這個職務，在共產國際代表事先主持的會議上，早已確定。陳是自然形成的當然的黨的領袖。毛澤東當年講：「是他（指陳）集中了一些人，這才成立了黨。」

一大會址多次瞻仰過。六月十八日，經上海。外孫，一位政法大學的學生，陪我去漁陽里二號，看看是什麼樣子。現在，這兒改名為南昌路一百弄。進了弄堂口，左側是幾排矮小而古老的房子，為小型的石庫門套型。二號是其中之一了。我們冒昧敲門。出來開門的是一位中年婦女。她問：「找誰？」「聽說陳獨秀的故居在這裡，我們是來看看的。」她告訴我們有四家老百姓住在裡邊，實在沒什麼可看的。「關於陳獨秀，我們能談出什麼呢！」她看我們拿著照相機，說：「裡邊沒什麼可照的。」指指門邊牆上那「陳獨秀故居」的標牌，意思是說照照它就行了。她關上了門。

我們在這個弄堂裡，多角度地照了幾張照片。在附近走走，轉入後邊一排的巷子。那兒是「漁陽里二號」後門處，相鄰各家的後門都近廚房。一時這兒有些人在忙家務，也有人悠閒地坐著。知道我們是為「二號」而來，大家倒熱情地談論起來，話越說越多，坦誠直率，豐富多彩。

一位說：「二號不得安靜啊！川流不息呀，本地的、外地的，許多國家的，記者、學者、各行各業。前些天，安徽（指陳獨秀家鄉）來一些人，可惜只有感歎而已。」

「他們沒有錢，否則把房子買下來，自己辦個紀念館也可以……」

一位說：「現在應說真話，其實建黨的工作，真正是在這兒做的啊！」站在遠點地方洗菜的一位，大吼一聲：「在這兒才幹了事的！」

以蘇共為首的共產國際（第三國際），在列寧理論的指導下，向東方推進革命運動，很當一回事。一九二〇年，早派維經斯基等來華。在上海和陳獨秀取得了聯繫。陳把他介紹給一些朋友。在這漁陽里二號，一再聚會討論，落實建黨之事。每次聚會吳廷康（維經斯基的化名）都參加的。他在當年八月十七日寫回國的工作彙報中說：「我們的成果是，在上海成立了革命局，由五人組成，其中四名是中國革命者，和我。下設三個部，即出版部（部長是汪原放），宣傳部（部長是李達），組織部（部長是張國燾），推舉陳獨秀為書記。正函約各地社會主義分子組織支部。」到一九二一年初，北京、唐山、天津、濟南、廣州、長沙、南京、武漢、香港，還有日本、法國都有了黨組織。上海漁陽里二號這兒成為黨的總部。

一九二〇年六月，在漁陽里這兒討論起草了《黨綱》，接著又擬定了《中國共產黨宣言》，明確提出了革命的手段和任務。

這年七月，張國燾來到這兒。他把上海的情況和意見帶到北京去。李大釗「無保留地表示贊同，立即協同行動。」故有「南陳北李，攜手建黨」之說。

陳獨秀當年在這兒，還及時建立了社會主義青年團組織，作為黨的後備力量。最年輕的俞秀松主持這方面的工作，還辦了一個公開的學校「外國語學社」作為掩護。那天，在漁陽里二號後門處，一位先生熱情地說：「來，來，我帶你們去看看青年團產生的地方。」我們去看了漁陽里六號那個房子。當時羅亦農、王一飛、蕭勁光、劉少奇、任弼時、蔣光慈等都在這兒學習。陳獨秀也講些課，從這兒派出二三十名團員赴蘇深造。許多人後來成為卓有貢獻的革命家。可惜，俞秀松後來在蘇聯被無辜殺害了。

陳獨秀原是北大教授，文科學長，深知在理論上武裝黨團的重要性。這時，他首先感到需要馬克思主義著作的中譯本。

在這時，他委託惲代英翻譯考茨基的早期著作《階級鬥爭》。委託陳望道將《共產黨宣言》全文譯出。陳獨秀親自校閱後出版。委託李俊漢譯《馬克思資本論入門》。

還出版了李季譯的《社會主義史》。

這些書對新的黨團員起了極大的教育作用。大家是如饑似渴地學習這些書。毛澤東就說過：「有三本書使我銘刻在心，即《共產黨宣言》、《階級鬥爭》、《社會主義史》。」在此之前幾年他就說過：「對我思想影響大的，莫過於陳獨秀。」

在這漁陽里二號，陳獨秀把五四新文化運動的火炬《新青年》雜誌，改為黨刊。這個刊物當時在全國已形成巨大影響，已在四十三個省市建立九十四個代辦處。這個刊物隨著陳獨秀的思想變化而變化，開始宣傳社會主義思想和介紹蘇聯的情況。史學家任建樹先生的文章說：「這是陳對黨所作的巨大貢獻，也只有他能作出這樣的貢獻。」

上海漁陽里2號，中共誕生地

值得注意的是，這個刊物雖然旗幟更為鮮明，具有無畏的理論勇氣，但對其他的各學派的學說，仍抱著自由討論的平等態度，仍發表他們的文章。因為，他相信手中的真理，堅信真理愈辯愈明。這個好傳統，不知什麼時候喪失了的。

這時，李達還在這兒主編了《共產黨》月刊，樹起了又一面黨的旗幟。陳獨秀作有發刊詞的《短論》中說：「一切生產工具歸勞動者所有；一切政權歸勞動者執掌，這是我們的信條！」真是旗幟鮮明！

今天讀這些刊物，可以看到陳獨秀和他的戰友們，為建黨開闢道路，在思想戰線上面對資產階級思想和無政府主義，進行了如何激烈複雜的鬥爭。當然，由於歷史的曲折發展，許多問題還留下了重新思考的空間。（注一）

總之，在這漁陽里二號，陳獨秀完成了黨的組織建設、思想準備上的一切工作。一大是在這兒安排的一件具體活動。它的重要性是黨正式成立的一個標誌。幾十年，一大會址那兒，不斷裝修、擴建、成為一個聖地，朝聖者絡繹不絕。而漁陽里這兒，依然是一個世紀前的房子，日漸蕭條破舊，鮮有人知曉。這兒的居民，難免有些想法。

市井人語，隨意道來，確也還能較真。

如說：「歷史被扭曲了！」

如說：「政治就是這個樣，捧這個，壓那個，成王敗寇，不講真的情況。」

「說是應該講歷史唯物主義，實際上辦不到，還是主觀的功利主義。」具體為陳獨秀鳴不平。

也有人談到，那邊（指一大會址附近）的房價被抬高到多少了等等。

由於年代久遠，一大會議召開的時間，各有說法不同，難以查實了。一種說法是七月二十三號開會，一種說法是七月三十號開會。大家剛到會場，有一個不速之客闖進來，說：「我走錯了地方」，匆匆而去。蘇聯同志立即警覺起來，要求大家立即分別轉移。有些同志來到漁陽里二號，商量決定安排到嘉興船上繼續進行。對建黨的具體時間，毛澤東後來說：「就算是七月一號吧！」

出席一大的代表計十三人，現在可以放到臺面上談的只有七人了（周佛海等後來當了漢奸）。七人之中，有毛澤東、李達。隨著時間的推移，這是更叫人尷尬的事情。問題不在於一大會場的蠟像群。毛澤東站在那兒演說，其他人側身聆聽，主持會議的李達靠邊。這怪不得那些雕塑藝術家，當時也只能如此。嚴重的是李達的慘死。這位當代哲學界的泰山北斗，因和唯心主義鬥爭，不容於毛，而獻出了生命⋯⋯（注二）

漁陽里的居民提到劉少奇，說這兒是他在建黨之前即走上革命征程的起點，向我們提供一個重要情況。「文革」前，曾叫這幾排居民搬遷，要在這兒建一個大的紀念館。「不料，文革驟然發動，不搞了。我們又搬回來了。」劉在「文革」中被迫害致死。劉和這兒是有牽連的。

唉！如果毛澤東當年在漁陽里這兒住一段時間，參與建黨工作，這兒會是怎樣呢？

作者暢想，這些年，黨與時俱進，本身有迅速巨大的變化，今後還不知會發展成怎樣的局面。據陳獨秀在醞釀建黨時，曾建議用「社會黨」這個名字。李大釗認為還是應尊重共產國際的意見。據說陳提這個意見，是為了爭取多的群眾，不知他是否有更深入的思考。近年，高層智囊中又有人提出改名為「社會黨」之議，說是更符合實際情況。

我認為，「文革」前幸虧沒有拆掉這片房子，否則何以再生？一大會址，不論如何金碧輝煌，其歷史積澱的實際內容，是無以增減的。漁陽里二號這兒保存原貌，可以理解為是對歷史的尊重。西安半坡遺址，以一個大的頂棚覆蓋了一個許多萬年前的居民點。後代人，在上海這個高樓林立的大都市中，保護好二十世紀初的這一個小石庫門居民點，本身具有歷史文化的價值。當然，也應該有一個標誌，說明「中國共產黨孕育形成於此」。有了這個黨，二十世紀的中國，演繹出許多史劇。後代人從中可以看到那一時期中國社會政治、經濟、文化的風光。

二〇〇四年七月

【注一】

當時陳在《共產黨》月刊中宣稱「經濟的改造自然占人類改造的主要地位。吾人生產方法，除資本主義及社會主義之外，別無它途……什麼民主政治、代議政治，都是資本家為自己階級設立的，與勞動階級無關……我們只有用階級戰爭的手段，打倒一切資本階級，從他們手裡搶奪政權。用專政的制度，建設勞動者的國家以至於無國家。使資本階級永遠不會發生……」當時，這些話對要求進步的青年具有極大的感召力。終至億萬人為之而浴血奮鬥。實踐證明科學性有待重新審視。陳獨秀晚年，馬克思、恩格斯的晚年，都有不同程度自省的回歸步伐。結合現實情況，這是應研究的重大課題。

【注二】

李達（一八九〇—一九六六）湖南零陵人。中共創始人、偉大的哲學家。建國之後，提醒毛澤東「人有多大膽，地有多大產」的唯心觀點，會帶來災難性的後果。毛不快。林彪說：毛的思想是馬克思主義發展的「頂峰」。李達反對。說：「到了頂峰就不能發展了！」「文革」中李受到聲勢浩大的批鬥。毛在武漢，李致函「呼救」。不果。最後送醫院，不准家人探視，被斷醫停藥。去世時七十六歲。

鶴山坪

——陳獨秀生命的終點站

鶴山坪在四川江津縣鄉間的群山懷抱之中，遠望山峰如仙鶴挺立，林木蔥蔥，人跡罕至。一九三九年五月底，陳獨秀流亡至此，這是他生命的終點。

當時，陳在病中，他給友人的信中談到：有血壓高「日來頭暈耳轟」。來此沒有平坦的路，他是坐唯一的交通工具「滑杆」來的。說這兒是一個「極靜、涼、可靠」的地方。

陳寄居楊氏山莊的石牆院，是一個有二十多間房的大宅子，是前清一個進士所置房產。進士和三個兒子都已過世，有一孫輩楊學淵在外地工作，他聽說陳到達鶴山坪，立即致書家人：「騰出最好的房子，妥為招待。」楊所以如此熱情，可能是受到過一些「五四」運動的薰陶，別的找不到理由。陳是一年前剛從監獄放出來的「共黨要犯」呀！

陳和妻子潘蘭珍借住一間上房，兩間廂房。房內陳設簡單，堆滿書籍和箱籠舊物。最醒目的是牆上有岳飛的「還我河山」草書拓片。這個院子閉塞極了，門前的路也是陡峭坎坷的。

陳獨秀過去不論在北京，還是在上海什麼地方，家裡都是群英薈萃，就是在南京老虎橋監獄裡，也是親朋好友絡繹不絕。現在他感到是來了一個「與世隔絕」的地方。

首先到達的還是國民黨的特務。他出獄之後，每一步還都在戴笠部下的視野之內。社會是複雜的。一天，地方忽收到通知，要求各家打掃衛生，特別是清理場上（集市），是上一任的縣太爺羅宗文要來此山村。他是一個年輕人，原來是專程來拜會陳獨秀的。他對陳的禮貌恭敬態度，驚動了這個山村，於是來訪的鄉親不斷了。潘蘭珍是煮水沖茶熱情招待。

陳來此，財路斷了。當年蔡培元是「三顧茅廬」，請他去出任北京大學的文科學長。現在，當然仍可到外地謀職，但年老多病，精力不濟了。所以生活極清苦，物價又飛漲。他為了糊口，把朋友送給他的灰鼠袍子也「當」了。他晚年的詩句有：

日白雲黃欲暮天，更多無剩此殘年，
病如簷霜銷難盡，愁似池冰結愈堅。

可見他的處境和心情了。

儘管如此，他不吃「嗟來之食」，對此認真之極。一個被捕之後，背叛共產黨的任卓宣（葉青），給陳寄了二百元，他立即退回。國民黨中央的秘書長朱家驊，他的學生，贈五千元，他立即拒絕。朱又託張國燾轉贈，他再次退回，並寫信斥責：「請你以後不要多事！」張感慨地說：「仲甫總是如此！」

一些北大的畢業生，陳獨秀的學生，成了國民黨政要的，如羅家倫、傅斯年等等，到四川重慶來時，都專程來此山村看望老師。看到他如此貧困，不免資助。陳說：「你們把我當乞丐施捨嗎！」一些人說：「恩師之情，銘刻在心，不能忘也！」他說：「我理解你們的心情，但我窮死餓死也不會收的。」他對人說：「收了，王明、康生對我的攻擊更有理由了。」

蔣介石瞭解他的生活情況，叫國庫局撥一筆錢給他。國庫局派大員親去處理，江津縣銀行辦事處主任也陪同登門，希望落實此事。陳獨秀更是堅決拒絕，「原封退回」！

此真所謂「貧士無財有傲骨，愈窮傲骨愈突兀！」在貧病交加之中，他還有一種「使命感」。一九三九年五月致友人信中說：「血壓高，兩耳幾於半聾。長久如此，百事俱廢矣！心所欲著之書未成，誠堪浩歎！」

這時他要寫的書是《小學識字教本》。他認為，「學童識字是盲記如符咒，嚴重戕殘孩子，急待改良。」這是語言學的大工程。上卷書成，當時的教育部部長陳立夫致陳獨秀函，稱「大著斟酌古今諸家學說，煞費苦心，閣下之意亦多精闢，自宜付梓，以期普及。惟書名稱為《小學識字教本》，究屬程度太高，似可改為《中國文字基本形義》，未審尊意如何？」陳堅持己見，認為名實相符是不可改動的。

鶴山坪陳獨秀半身塑像

為出版事，陳獨秀和編譯局書信往來達七十多次，終於未能印刷。最後在一九四二年油印五十份。所好梁實秋得到一份。到一九七一年，梁實秋在臺灣影印出版。他說：「實在寫得好！觀點原於唯物論，精闢、通達，是生平傑作，最能展示他的舊學根底。……在我有生之年，總算了了一樁心事。」一九九五年五月，巴蜀書社公開發行這一著作。整理校訂者劉志成說：「以歷史唯物主義全面辨析漢字字根，研究漢語同源詞，首推風雲學者陳獨秀。」

在鶴山坪，他的這一著作的下卷曾被盜竊，同時偷去一些衣物（小偷可能誤以為是鈔票吧）。這使病中的陳大傷腦筋，又受到一番折騰。

在這最後的日子裡，他在重慶《大公報》上發表《戰後世界大勢之輪廓》一文，加上當時寫給朋友的信，一九四九年六月，香港出版《陳獨秀的最後見解》一書，胡適作序。他雖身居偏僻山野，以其睿智、敏感和博學的基礎，仍把握著時勢的脈搏，對焦點的問題有更上一層樓的見解了。

他說自己「深思熟慮六七年」，始有今天的見解。他否認資產階級民主政治是資產階級統治方式，而說，「民主是從古代希臘、羅馬，以至今天、明天、後天每個時代被壓迫大眾，反對少數特權階層的旗幟。」「如果不實現大眾民主，則所謂大眾的政權或無產階級政權，必然流為史達林個人的格柏烏（ＫＧＢ）政制。這是勢

鶴山坪石牆院後門

所必然，並非史達林個人的心術特別壞些。」還是在一九三五年，他被押於南京監獄時，他就懷疑蘇聯的無產階級專政，認為「史達林的個人獨裁正在代替無產階級及其先鋒隊的專政。」「所謂工人國家，蘇維埃政權只是有名義上的存在。」托洛茨基被殺之前，仍認為蘇聯「本質上仍是工人的國家」只是一個「墮落的工人國家。」陳獨秀是走得更遠了。

他在鶴山坪得知，一九三九年九月十七日，蘇聯紅軍大舉入侵波蘭，依照秘密協定和德國瓜分波蘭時，怒火中燒，憤怒疾書長詩一首，中有「……旁行越鄰國，勢若吞舟鯨，食人極其類，勳舊一朝烹。黃金握在手，利箭腰間鳴，二者唯君擇，逆死順則生……」他激憤的情緒是無以復加的了。

由於陳獨秀，這深山中的鶴山坪成了國內政要的注目之地。一天，戴笠和胡宗南兩人便裝而來，鄉人不知來者何人。陳大驚，說：「鄙人隱居山村，雖仍國事縈懷，並不與聞政治了。不知有何見教？是不是蔣先生關照來的？」他們說：「是的，蔣校長問你好。我們是特來求教，想聽聽陳老對國事的看法。」陳大發議論，講了三點意思：一、國共團結抗日，符合國人的願望；二、敵強我弱，速勝困難；三、只要舉國上下，團結奮戰，任何難關都可以度過……請轉告蔣先生好自為之。可惜，談話沒有詳細記錄，又不便杜撰，否則在當時的情況下是具有歷史意義的「鶴山對」了。因為武漢失守，國民黨政府剛遷到重慶，其基本觀點和毛澤東的《論持久戰》如出一轍。

戴笠是國民黨特務頭子，胡宗南統率三十萬大軍抵制陝北，人稱「西北王」。他們粗中有細，來鶴山坪沒有忘記帶上一張剪報。那是重慶《大公報》上刊出的傅汝霖、段錫朋等九人，再次針對康生誣陷陳獨秀為漢奸而寫的批駁文章。在武漢時周恩來曾為此勸陳顧全大局，保持克制。徐特立還專程從長沙前去調解。他說：「問題解決了。」陳感謝他們的關懷，但說：「我看問題永無解決之一日。」不料，遷都重慶，舊話重提，餘波未了。

一天，周恩來在朱蘊山的陪同下，忽然進了陳獨秀的石牆院，陳感動不已。在他的眼裡周不僅才華出眾，政治敏感，特別是從來不炫耀自己，待人極為真誠，曾在困厄中相助（他被國際取消總書記職務，周一如既往，主動妥為安排生活，佈置地下黨加以保護。後追問秘書黃文榮才知道花的錢是周恩來賣了自己的東西，並借了一些，供給的。）對此，陳獨秀怎能忘懷！這次周說：「你是五屆總書記呀，拋棄個人成見，以民族為重，寫個檢查，回黨工作，延安是歡迎你的。」在武漢時，董必武代表黨鄭重談過這個問題，陳說：「我還是這個意見，回黨工作是我所願，唯書面檢查不便……」他直言不諱地說：「年紀大了，落後了，我這個人又不願被人牽著鼻子走，何必最後弄得大家不歡而散呢！」周深知他的脾氣，不再勉強了，只說：「我住重慶，有事可來找我。」

一九四二年五月，陳病重了，十七日至二十五日，三度昏厥，並非猝然而逝，當時沒有良好的搶救條件。二十七日晚，九時四十分逝世。慷慨解囊辦理後事的竟是相識不久的江津人鄧蟾秋、鄧燮康叔侄兩人。墓地也是在鄧家的鼎山山麓的康莊，背靠鬱鬱蔥蔥的山林，面對日夜奔騰的長江。

葬禮之事安排好之後，忽然縣裡派專人送來七千大洋，說是蔣介石先生資助料理後事用的。這給治喪者一個棘手的難題，經反覆研究，當時還是未敢退回。此事發人深思，這當然是蔣的政治操作。對剛剛放出來的階下囚，何需如此！想來，陳面對蔣介石始終是一個強者，道義上更居於絕對優勢。在法庭上，他力陳建黨和推翻國民黨政府的正義性，毫無懼色！日軍兵臨城下，要放他出獄，叫他寫一個檢討，他寧可坐牢，也是不寫的。放出來之後，聘他為勞動部長，又被他奚落、斥責一番。瞭解他在山村困苦，命國庫撥款資助，他立即退回。儘管共產黨王明、康生對他攻擊誣陷，他還是保持自己的信念，矢志不移。蔣介石在其死後，以鉅資資助，雖是政治姿態，是否也包含著對其人格的崇敬之意呢。難道他不想在陳獨秀身上沾上一點光嗎？

六月一日由來自重慶、江津和當地的親朋好友送殯至墓地。鄧燮康的兩個女兒，鄧敬蘇、鄧敬蘭，身著藍布長衫，黑紗白花，在墓碑的兩側，緩緩將蓋在墓碑上的紅綢取下。碑上刻著《獨秀先生之墓》（一八七九—一九四二）。妻子潘蘭珍扶著一棵桔樹啜泣不止。沒有悼詞、謝詞，沒有花圈，因為在露天，兩三個輓聯也未能懸掛，一代偉人如此悄然離開了人間。

陳獨秀死非其時，身後寂寞。如果早死一二十年，將會如何轟動！「中央社」只說三句話，連他和「五四」的關係也沒有提。《申報》提到他是中國共產黨的創始人，著名學者，文學革命的先驅。《大公報》一個短文說「一代人傑之死，此時此地，無論對國家或其個人，均不甚寂寞之感。」中共延安的《解放日報》、在重慶《新華日報》對陳的去世未作報導。

在陳獨秀去世前兩個月，即一九四二年三月三十日，毛澤東在延安說：「陳獨秀是五四運動的總司令，將來我們修中國歷史要講一講他的功勞。現在還不是我們宣傳陳獨秀的時候。」

要到什麼時候，可以宣傳陳獨秀呢？

半個世紀過去了，坊間和報刊上果然漸漸多了陳獨秀的消息。在二十一世紀，當中華民族可以客觀地梳理二十世紀的歷史時，他當會更加凸現出來。

「老虎橋」傳奇
——陳獨秀在南京的牢獄生活

陳獨秀先生曲折坎坷的一生中，在南京老虎橋監獄的五年牢獄生活，最富傳奇色彩，也最突出地顯示了他的人格魅力和學養。

按一般常理，人陷囹圄之中，銷聲匿跡了，可是老虎橋監獄那個十平方米的牢房，不僅成了他的研究室，而且成了他這個「五四運動總司令」（毛澤東語）的戰地指揮所，更是他不懈致學的地方。

這段日子，好似浪漫主義詩人書寫的篇章，好似小說家杜撰的、不可思議的離奇故事。

「老虎橋」在哪兒

這許多年，全國史學界的學者們，為研究陳獨秀問題，而披荊斬棘。「陳學」人們稱之為「陳學」，也曾被稱之為「險學」。在這個過程中，考證、分歧、商榷的地方很多。但是對南京五年這牢獄生活，沒有什麼可質疑之處，明明白白，千真萬確。因此，對這一段沒有什麼可討論的。

以史為鑒，這五年確又是值得注意的。

「老虎橋」在哪裡？這些年，經常去南京也沒想到這個問題。二〇〇五年十月，在寧出席「陳獨秀問題高層學術論壇」，散會之後，暫住晚輩李君金陵家中，和韋順前《半月談》主編、劉舒前《雨花》編者，與畫家房燕生小聚，所談多仲甫先生事。韋順有興作詩三首，有「公案塵封八十年，街談巷議奈何天」的感歎，結語有「專制獨裁皆命短，陰霾掃淨看朝霞」的樂觀。這時想到，南京之對仲甫先生，主要是在「老虎橋監獄」的故事了。

真是「無巧不成書」。意外地發現，李金陵的父親李玉成先生（一八九八—一九六三）即當年「老虎橋」監獄的監獄長。

「過去我們家就住在老虎橋監獄旁邊。現在監獄的房子已經完全拆了。當然，舊址在。你如要看，我可陪你去看看。」

「你知道陳獨秀關在裡邊嗎？」

「當然知道，他還給我父親寫過對聯。保存在家裡多年，當個寶貝。」

「現在還在嗎？」

「沒有了，『文革』時燒了。當時嚇得不得了。保存他的東西還得了，白天不敢燒，是夜裡燒的。」

「你還記得寫的什麼字嗎？」

「有魯迅的那兩句話：橫眉冷對千夫指，俯首甘為孺子牛。」

次日晨，金陵陪我前往老虎橋。其實不遠。我們在「總統府」前上公共汽車，向北四站下車，向前幾步即看到明顯的路標，向東指著「老虎橋」。

站在向東巷子的路口上，金陵指著北邊說：「這兒就是當年監獄的牆角，牆有四五米高，外邊挖有很深的濠溝。向東一個街區，然後向北，監獄是一個正方形。」現在仍完整的是一個工地。說是建一個「招待所」，從「總統府」遷過來的一個單位建的。

向東幾步，即發現當年「老虎橋」的遺跡。牆上歪歪斜斜釘著「老虎橋」的牌子。所有的民居，一層二層的窗口，都嚴嚴實實釘著鋁合金的「鐵窗」。聯想到，當年的「鐵窗」不知是否如此。

穿越時間的隧道

我們沿著當年「老虎橋監獄」圍牆，漫步一周。一路之上，叫人浮想聯翩。是穿越了時間的隧道。

傳奇色彩太多了！

一、故事要從莫斯科講起：史達林認為蔣介石是革命的中心，托洛茨基反對。陳獨秀對史達林說：不！有《告全黨同志書》，說我們犯了執行「史達林機會主義小集團」路線的錯

南京老虎橋監獄

誤，被開除黨籍。蔣介石反而認為他是「真正的共產黨」，懸賞三萬大洋重點追捕。當時，《世界日報》有漫畫：兩個巨人（指國共兩黨）共同打一個孩子。

二、陳躲在貧民窟中，巧遇潘蘭珍，同居。潘去南通送抱養的孩子，回來時陳不見了，始知他是「共黨要犯」陳獨秀。

三、一九三二年在上海第五次被捕時，「立即處決」的呼聲很高，但在押赴南京的火車上，他呼呼大睡，若無其事，當時傳為美談。陳覺得不可能見到潘蘭珍了，潘還是趕到南京來了。

四、在敵人的法庭上，大律師章士釗，據理力爭，爭取為其減刑。陳居然說：「這不代表我，我組建共產黨就是要推翻國民黨政府。」他視死如歸，把法庭作為鬥爭的戰場。

五、他在牢獄生活中，委託胡適設法翻譯馬克思的《資本論》。不久胡把委託千家駒等翻譯的進展情況寫信向他報告。

六、他在獄中，請汪原放一次再次出版他的《獨秀文存》。更奇的是蔡元培先生，當時是中央研究院院長，為獄中的他寫《序》，並加蓋紅色印章，以示鄭重。

七、潘蘭珍居然在監獄旁邊，租了房子住下，始終照顧獄中的丈夫。這種夫妻關係世所罕見。

八、他身在監獄，但他的文章得以發表。他一如既往的思想和新的概念，擴散到廣闊的社會空間中去。

九、他寫了許多浩然正氣的詩篇，成為傳世之作。如有《金粉淚》五十六首，反映了他在獄中的思想感情，是對勞動人民的深切同情和對國家命運的關注。如那「此身猶未成衰骨，夢裡寒霜夜渡遼」，和陸游、辛棄疾那些充滿愛國激情的詩，真是異曲而同工。

十、大畫家劉海粟到黃山作畫，來回都帶著筆墨到監獄看望陳獨秀。說他「偉大」。請他贈以墨寶。他題了「行無愧怍心常坦，身處艱難氣若虹」著名的豪言壯語。

十一、他在獄中，大量時間是讀書，書的來源是汪原放、胡適和潘蘭珍送進去的。潘蘭珍最擔心的是他讀書的「廢寢忘食，影響身體」。他讀了多少書，總數無以查證，但已知的書目，是驚人的。（部分書目見後）

獄政的反思

「老虎橋」監獄與「總統府」近在咫尺，這是一個關押重要政治犯的地方。而陳獨秀顯然又不是一般的政治犯。他似乎有較多方便。例如凡來探視的，只要他同意，立刻可以進見。監獄當局顯然知道他的分量。南京一些政要和社會名流時常來看望他。監獄長李玉成當然是看在眼裡，也或是上邊有明確的交代。問題在於，他不僅是建黨的元勳，而且是「五四運動」的主帥，當時的當權人物，不少是「五四」中走過來的，按照民族傳統，當時似多了一些「尊師」的氛圍，對他仍以師長視之，去探視老師，不失為一種形象。金陵告訴一個細節：一天弟弟去監獄看爸爸，正是「探視」時間，許多人在門口排隊等候。他也站到隊裡去。最後，門衛人員詢問，知道他是監獄長的小兒子，說：「你站什麼隊呢？」說明「探視」是監獄要管理的經常工作，而探視仲甫先生者享有一點特殊的方便。

胡適過京，總去看他。一次沒去，仲甫先生還大發脾氣。陳和胡之間是互稱「我們不是一個階級」的。但胡不斷親自送去吃的、用的，特別按照仲甫先生提出的書目，送去書籍。聽說他發了脾氣，還去說明和道歉。他們顯然不是把「階級性」高於「人性」，更不是「人」只有「階級性」的。

雖然如此，管理還是要獄政當局安排的。這是可鬆可緊的。他讀書寫作至深夜，有時通宵達旦，不去問他了。監獄沒有熄燈時間的規定嗎？有人說：潘蘭珍要給陳獨秀送飯。這是想像的。有材料稱，他每天中午是兩菜一湯，有葷有蔬。這超過當時一般勞動人民的生活水平。一個有趣的例子，可見監獄長對他的態度：聽到他在獄中有了房事活動，監獄長只是提審他的好友濮德志，要他轉告加以注意，給他留個面子。仲甫先生居然還大吵：「我不是人嗎！」濮告訴他影響所及對監獄當局會造成什麼後果，始相安無事。仲甫先生個性倔強。但他是有原則的。這從他出獄的情況可以看到。

老虎橋民國時面貌

出獄的一幕

陳獨秀被判十五年，實際上坐牢五年。這主要是因為日本鬼子打來了。牢房也被炸塌了。轟炸時，他躲在桌下，倖免於難。他叫潘蘭珍快回南通，說：「南京是首都，是重點轟炸的地方。」潘說：「這更不能回去了！」

監獄已決定釋放他，叫他寫個檢討，他嚴詞拒絕。正好胡適出使美國，臨行前致函蔣氏，要求釋放陳獨秀。蔣氏送個人情。

對出獄後的具體情況有不同的史料記述。總之，蔣氏通過陳立夫、陳果夫邀請他出任「部長」之職，遭到他的嚴詞拒絕。

序曲和結尾

老虎橋監獄五年的生活，是陳一生中精彩一幕。如果有一部電視連續劇，可以稱之為《老虎橋傳奇》。每一集都有亮點和高潮。全劇還有序曲。「序曲」是什麼呢？是他在入獄之前寫了一篇小文章，談到一個人出了研究室，就進監獄；出了監獄，就進研究室，「這才是人生最高尚、優美的生活。」對這話可從不同角度理解，如追求真理，不可怕入獄，入獄之後堅持真理。或是說，「思想產生苦難，苦難產生思想」。但不論如何說，陳獨秀似為自己發出了預言，對世人作了一種承諾，當時他想不到會被捕。生活驗證了他的話，他是真的做到了。

「結尾」在哪裡？蔣介石視陳為「真共產黨」，在押期間，近距離五年的觀察，對仲甫先生的氣質，氣節，學養知之更詳。所以到他後來流落四川山林之後，日寇大舉入侵之時，蔣還想到他，派左右手胡宗南、戴笠雙雙前往江津鶴山坪之山林，向仲甫先生求教，如何應對日寇的方針大計。

結語

陳在獄中的五年，喪失了行動的自由，但卻保有「思想的自由」和「學習的權利」。蔣氏在江西第五次圍剿後，凱旋回京（紅軍開始長征），向監獄長查問陳在獄中的情況，得到的彙報是：「一天到晚就是看書。」蔣認為「看書就好」，認為還是安分守己的。兒子從蘇聯回來，和張學良在軟禁中，蔣都過問過他們的學習內容。對仲甫先生，他沒有這個熱情。一個在押的犯人，讀什麼書，與政治無關嗎？胡適幫助安排《資本論》的翻譯工作，也只認為是學術活動。犯人可以出書，發表文章，也使我們這些後人感到怪異。說明在押，但沒有剝奪公權。

陳獨秀是國際共產主義運動中的風雲人物。蘇共中央和共產國際，是把中國革命當作自己的事的。不久前，對中國問題有激烈的辯論。陳獨秀居然檢討自己執行右傾路線的錯誤，實是批評了史達林。持陳獨秀觀點者，旋即均被殺害。前往蘇聯學習的十多個國家的共產黨骨幹人物，一般對

「大清洗」有看法，均被殺害，包括中國青年團的領導人俞秀松。陳獨秀堅決拒絕前往蘇聯學習。否則他的命運會如何？

而中國的紅色根據地江西蘇區，對陳的態度很清楚。陳的被捕，不僅沒有像各界人士那樣積極營救，蘇區的報上還有嘲弄的語言，說：「這好了，說不定可以得到高官厚祿了。」但在敵人的法庭上，陳獨秀站在共產黨的立場，表現出的是浩然正氣，堅決維護中國共產黨。江西蘇區對認為是異己人的屠殺，同樣達到嚴重的程度，這已不是秘密。

這是意想不到的：蔣介石下決心以三萬元大洋，把陳獨秀抓到這老虎橋監獄關著，在監獄長李玉成其人具體安排下，過了安定的五年，躲過了國際共運中腥風血雨的年代，是否可說，使這個剛強、倔強、不甘寂寞的人起碼保住了一個性命！

二〇〇五年十月

【附言】

關於監獄長李玉成的名字，許多史料應該提到時，沒有提到他。我在《探訪陳獨秀》一書中，提到陳獨秀如何和「監獄長」打交道，也不知他的名字。如果他是幹的壞事，肯定寫上了名字。對他做的好事，文人的筆下一般不敢寫，這是喪失立場。在那個時代，會惹出麻煩，可以理解。

陳獨秀在獄中讀的書（部分）

他在獄中，閱讀的書量大得驚人。有：

摩爾根《古代社會》（上下冊）

《盧森堡致考茨基書信》

《馬克思列寧主義唯物史觀》

羅振玉著《殷墟書契》

《漢晉西陲木簡彙編》

《第一國際史》（一、二、三部，日文）

《達爾文傳》

《馬克思傳》

《馬克思主義方法論》

《經濟學批判》漢譯本和英文版

《工資、價格與利潤》漢、英文版

《反杜林論》

托洛斯基《我的生活》

這只是一小部分，還有英、法、德文各種專業辭書，還有開明書店的《廿五史》、商務印書館的《廿四史》喇叭形叢書。另有許多中外文的雜誌……

他在獄中讀書是「三更燈火，五更雞」，發奮忘食的。旁邊的人不催促，可以是通宵達旦。

去陳獨秀的家鄉

近年看到陳獨秀的一些史料，總想到他的家鄉去看看，尋找他的史跡，去他的墓地掃祭。二〇〇三年六月十五日到二十二日，在高潔同志的陪同下，有安徽之行。歷經合肥、安慶、池州、馬鞍山這些城市。這一帶也有至親好友，有一些人文景點，實又是探訪、訪友、旅遊三結合了。

所以想先去合肥，是想拜訪安徽陳獨秀研究會會長沈寂先生，向他請教一些問題，也希望對我的安慶之行，有所指點。陳獨秀的家鄉，他一定多次去了，我想。

在安徽大學，先去看望老友張力光教授。他知道我們的來意，十分高興。立即打電話通知校友，肥東縣的蔡學儉、高恩寬同志也很快到了。我打電話給沈寂教授，想約個時間去拜訪。他說：「不，不，我來看你！」他立即來了。如此聚談終日，好似開了一個陳獨秀追思會，大家隨意扯開去，話題很多，倒也豐富多彩。立光兄說：「難得在我家歡聚。」只是辛苦了嫂夫人徐大姐，親自操作，忙了兩頓飯。我們大家也就不客氣了。

沈寂教授講到：「在二十世紀，陳獨秀的思想領先。他啟發民智，主要是民主的理念。五四高舉『民主與科學』的大旗，當時反封建激進、強烈、真是震驚世俗！直到晚年，他對民主的思考更為深刻了。他建黨當然也要專政，但專政是為了民主建設。認為歐洲文藝復興之後也是這個路子。

國民黨統治時有『軍政、訓政、憲政』三步的承諾，訓政說是六年。他們當然做不到。我們對走向民主憲政，沒有提出時間概念。」

陳獨秀晚年談到，民主是在漫長時日裡人類走向文明的追求，並不是哪一個階級的概念。過去我們把民主送給了資產階級。

民主是陳獨秀思想的核心。

沈寂教授聽說我即去安慶陳獨秀的家鄉，他對陳的後裔一一詳作介紹，合肥的、安慶的、福州的、北京的、美國的，主要是第三代了。建國後有的錯劃為「右派」，有的偷渡香港去了加拿大、美國。現在有的當了政協委員，有的是國家幹部……家庭的變化、反映社會歷史的風光。

陳的一個後人曾上書要求處理爺爺的問題，當時被認為是翻案風。前中宣部長，被世人稱為「左王」的鄧力群一九八三年說：「陳獨秀不是黨史人物。」這話叫人費解。建黨的元勳，黨的一大到五大的總書記，不是黨史人物，不知從何說起！沈寂說，長期以來，研究李大釗是「顯學」，研究陳獨秀是「險學」。石仲泉同志說：「根據史實，我們講我們的吧！」現在形勢漸漸好起來，陳獨秀問題的研究會已經分別在安慶、北京、上海、江津等地開了多次，研究工作有了重大進展，取得了共識。

沈提出一個重要的概念：陳的主要功勞並不是建黨，而是促進民族文化的發展，啟發民族的覺醒。由此推理，進一步說，研究陳獨秀的歷史，有兩個不同的目的，一是恢復其在黨內、黨史上的地位，即爭取為其平反。一是把陳獨秀其人其事搞清楚。我認為還是把陳獨秀留在民間為好，沒有必要再叫他的亡靈重登現實的政壇了。

休息時，看到立光兄有岳飛的拓碑書法一冊。幾十年後，重新看到仍叫人驚歎不已。立光兄說：「你歡喜，你就拿去吧。」豈可奪人所愛。高潔老弟拿去複印岳飛書法《前出師表》全文。

沈寂說：誣陷和殺害岳飛是政治的需要，後來給他平反也是政治的需要。陳獨秀的問題同樣如此。他認為陳何時在黨內恢復其地位，是要在今後看政治需要而定的，不是子女申請，也不是學術界可以研究出的成果。所以，我們在思想上，還是讓他留在民間吧。

沈寂贈我他主編的《胡適研究》一冊，還有以陳獨秀研究會的名義發表的專文《陳獨秀研究的歷史與現狀》，沒有想到沈寂在此文中，對岳飛之事有詳細的論述，作為史論，進行類比。岳飛每戰必勝，可是以十二道金牌召回，否則直搗黃龍府，救了徽欽二帝。他們如果歸來，南宋小朝廷的趙構，位置如何擺？所以風波亭之事，並非僅秦檜所為，岳墓前跪著四個鐵人，還少一個趙構。

殺岳飛是皇帝的需要。這叫人想到，陳獨秀一九三八年從南京牢中放出，按理應回延安，剛到武漢，康生等就在共產黨的報紙上發表文章，誣陷他是漢奸，也是政治的需要。

沈寂詳細敘述了岳飛在後來經幾代皇帝坎坎坷坷的平反經歷，而秦檜仍未被否定。這無不是當權者出於需要的考慮。沈不惜篇幅，詳加敘述是有現實意義的。

安慶仲甫先生墓地

《知識界為陳獨秀正名》已有定論。上海《世紀》雜誌封面上赫然是這一個大標題，可是政壇要等到哪一年才能為其正名呢，不得而知。

我們在聚談中，有人提到李鴻章，說炒作李並不明智，他充其量是主動賣國，還是不得已而賣國的問題，其才為腐朽的清王朝所用，不過是慈禧太后的奴僕。認為安徽還是應該炒作陳獨秀和胡適，以提高地方的知名度和光彩。

安徽以鉅資重建了李的墓地和享堂。西平老弟陪我去看過。墓道上有兩隻老虎，兩隻石羊，兩隻石馬，兩個文官，兩個武官拱衛，氣勢不凡。享堂三進院落，均青磚到頂，院子和室內是水磨方磚，兩廂擺滿了當時的輓聯和詩篇，歌頌無以復加。梁啟超稱：「敬李之才，惜李之識，悲李之遇。」還是嚴復的對聯比較準確：

> 使先時盡用其謀，知成功必不止此。
> 設晚節無以自見，則士論又當如何？

肯定他的才氣，而對他的晚節質疑。

西平老弟告訴我，享堂中有李在日本馬關的春帆樓簽訂那不平等條約時，被日本人打了一槍，留下的血衣，現在不知被何人盜去。這個賊是深知文物的價值還是作為破爛呢？因為衣服肯定是破爛不堪了。在這合肥東郊的大興集，距李的墓地一里之遙，還有包公墓。前些年，炒作包公，早給他「農轉非」了。城裡建立包公祠，專制主義的社會，清官少，所以清官也就特別寶貴。人們祈求出清官，給自己作主，尚無人民作主的所謂非份之想。

專制政體下是非難辨，豈是陳獨秀一人！到安徽就想到曾希聖這個大躍進時的省委書記。幾十年間，都說他執行廬山上批彭之後左的路線，以致餓死五百萬人以上，真是罪大惡極呀！最近才在《炎黃春秋》上看到，他是最早推行包產到戶的，被打下去，餓死人的事也是他的罪狀了。如同陳獨秀，抵制國際的右傾路線，遭罷黜，而後大革命失敗的右傾後果都是陳的了。如出一轍。

蔡兄在肥東，先後為十九屆縣領導做文書工作，看來他的這支筆是少不了的。「你是肥東當代史的活字典，這幾十年最重要的事是什麼？」他說：「朱德經肥東給縣委書記只說了一句話，就轉身而去。」「說一句什麼話？」「你們幹得好呀！餓死了三十萬。」當時全縣人口百萬人左右。

就是過了幾十年，經兩代皇帝之後，給岳飛平反時，秦檜的謚號「獻忠」也沒有廢掉。按照需要，岳飛、秦檜都是「好人」。皇帝更是神聖不可侵犯的，因為他是天子，是不能按人間的道德進行評價的。

今天仍如此，這就是封建主義政治。不過早在當局為岳飛平反之前，民間已經給加害岳飛的秦檜、王氏、張俊、萬俟卨鑄四個鐵人跪在岳墓之前，這是民間的評價。而當局由於對外的需要，對岳飛、秦檜忠奸不分，兩者並列，直到南宋亡於元。

對陳獨秀，今後朝中之人如何評說，實不得而知，讓歷史作出回答吧。

十九日去安慶，行車三小時，午間到達。當地陳獨秀研究會會長李銀德到車站接我們，安排住在安慶日報招待所。下午二時，銀德同志安排人送來有關資料，有他們編輯的《陳獨秀研究動態》第一至二十二期。有《陳獨秀著作選》三冊，據稱是迄今最全的版本了，一百六十多萬字，收入了一九二七年後的大量作品。流行最廣的《獨秀文存》是六十多萬字，只收入一九二一年前的文章。可惜這些版本都未收入蔡元培先生寫的序言，那時陳作為政治犯還在獄中。也沒有收入王觀泉先生寫的序，那是最完整的介紹了陳其人和這本書的。下午二時半，銀德同志還有《安慶日報》總編孫炯同志來，陪同我們去陳墓。墓在城東北四五裡處，幸好有他們用車送我們。交通不便，路也難找，下了公路，有漫長的灌木簇擁的小路，給人以幽深之感。及到墓前，豁然開朗。陳一九四二年去世，葬於四川江津鶴山坪那流浪的去處。一九四七年由三子松年遷回安慶（長子、次子作為中共中央委員被國民黨殺害），文革中墓碑被砸碎，墓幾被夷為平地。文革後重建，近年北京撥款九十萬元，又重建。所以看到的場面不是前在照片上看到的了。墓和墓碑高大很多了。墓碑上書「陳獨秀先生之墓」。「先生」二字是新加上去的。理解不同，反映不一。我們獻上祭品和鮮花。在墓前還碰到外地前來的人，聽到反映說：「按理這格局還是不夠的。」其實，馬克思在倫敦海德公園的墓遠沒有這樣堂皇，是中國傳統講「厚葬」講死後的哀榮吧。

獨秀園墓地

旁邊有「陳獨秀生平事蹟展覽室」，四個展覽廳，雖極簡易，但圖片完整，特別是那說明文字有講究。略去一些感情色彩和附加的頌詞和貶語，句句落實，這是夏征農同志主編的《辭海》的作法。他說這樣保持穩定性和科學性，其實還有一個公正性。這樣寫，是要有勇氣的，不是說陳學是「險學」嗎。

我給銀德同志、孫烱同志談到：「南通有個潘蘭珍，在陳獨秀被追捕、關押、流亡的最後十年，和陳相濡以沫。南通和安慶不僅同飲一江水，而且陳獨秀還是南通的女婿呢！」

「這倒是事實。」他們說。晚間，又在飯店盛宴招待，同時約請了幾個單位的領導同志作陪。

銀德同志幫助事先約定，次日上午和陳獨秀的孫女長璞同志一談。她是文物局副局長，五十一歲。銀德同志領我們到她的辦公室。我立即發現，長璞同志性格剛直、坦率、遺傳基因使她頗有祖父之風。我談到某些人寫關於她祖父的書，她立即發火，說：「有些文人是釣名沽譽，譁眾取寵，信口開河！這是極不負責的。」限於時間，她未及提到具體的失實處。

我首先提到潘蘭珍，還希望拉近乎呢，不料她立即說：「這不是什麼新聞，我們家裡不談這個人！……」似有意見，起碼在感情上不相容。仔細想想，這是可以理解的。潘沒有來過安慶，沒有

在安慶和陳獨秀孫女陳長璞交談

進過陳家的門。長璞同志承認潘，當然難以面對別的長輩。她反覆說：「世人說『天下無不是之父母』，我不便說什麼。」

如同陳獨秀被開除黨籍，仍應按事實講話，不能有黨派的偏見，對潘蘭珍也應該按事實講話，長璞之父松年是到南京獄中看到父親和潘蘭珍的，是到四川流亡途中看到他們結伴而行的。

尷尬的是松年比蘭珍大一兩歲。但是他當時可能出於對父親的尊敬，說：「父親晚年全靠蘭珍媽媽了！」想來他回到安慶，可能不便再說這話，不能不尊重其他家人的感情，所以長璞認識上是如此。

我也和長璞同志討論，陳獨秀問題研究，各地日趨活躍，最後的目的是什麼？她說：「從陳獨秀子女的角度看，我當然為有這樣一個祖父感到光榮，但他不僅是屬於這個家庭的，我們是平常人，平凡人。對待陳獨秀的存在我們只能是以平常的心態對待，無意於從中得到什麼。所以一般記者採訪，我是拒絕的。我沒有什麼好說，讓歷史學家去研究吧。也有人問是否爭取給他平反，恢復他在黨內的地位，我看也無需如此，它不僅是屬於黨的，建黨不過是其一生中做過的一件工作而已。我認為應從社會的發展、民族的演進的角度研究他、評價他。一個黨是暫時的（這一觀點毛澤東在《論人民民主專政》一文中有所論述），她認為看陳獨秀應該站得更高一點。這是對沈寂教授「留在民間為好」觀點的闡發。

長璞對祖父是有感情的，為墓的重建操心很多，說：「很多人曇花一現就過去了，可是祖父雖然逝世已久，卻有越來越多的人緬懷他了，包括您老，我是非常感動的。」

經過歷史學家反覆考證，陳的故居在培德巷。可是銀德同志說，已經全部拆光了。他帶我們去看古老安慶的見證迎江寺的寶塔。

告別安慶，熱心的銀德同志說，我那裡還有一些資料，你沒來得及看，潘蘭珍的照片我再找。前寫《南通有個潘蘭珍》，發表在北京《人物》雜誌上。南京《銀潮》轉載時，打電話來找潘的照片。哪裡有呢？我當時估計永遠找不到了。

而後過江南去貴池，看望朋友，同時去齊山看岳飛和包拯遺址。景區不大，但很精緻。今天推崇包公，恰恰證明有封建專制的積澱，而社會需要從「為民做主」轉向「人民作主」，需要從「人治」轉為「法制」。這裡是岳飛練兵的地方，塑像高聳，壁上石刻有岳飛書法的主要遺存，最感親切的是那「還我河山」四個字。一九三一年後，日寇佔領我東北三省，故鄉小學操場的主席臺上，即書寫著岳飛這四個字，當時它起著喚起國魂的巨大作用。各地有岳王廟，不僅因他的武功和文采，不僅書法是傳世之作，《滿江紅》一首更是千古絕唱。特別因為他是一個悲劇人物。他折射出歷史的丑類，起巨大的批判作用。

難怪人們研究陳獨秀，談到二十世紀，他同時被國共兩黨誣陷和迫害，在爭取為其正名時，就又想到了岳飛。史學家從岳飛的遭遇，思考政壇運作的規律性，推敲陳獨秀今後將會如何。

二〇〇三年六月二十八日

光彩的石牆院

——訪江津鶴山坪陳獨秀故居

重慶市江津的西郊，在那重重山巒深處的鶴山坪，有一個用巨石砌牆圍著的院子，人稱「石牆院」，現在為國人所矚目。中共創始人、黨的一屆到五屆的總書記陳獨秀，曾流亡至此。他在這兒度過最後的歲月，並在這兒形成思想的高峰。他長期蒙冤，銷聲匿跡。新世紀的曙光升起，他又重新向我們走來了。

一

二〇〇五年四月，我懷著崇敬的心情往訪。十六日晨從成都出發，中午到江津。在街上即看到標誌出「石牆院」三個字的大巴，始知近年已經建了一條公路支線直達「石牆院」，這是公路的末梢。於是登車前往，經江津長江大橋頭，先是沿江西去，而後曲折蜿蜒上山。走下山來，覺得快到了，不料千回百折，又爬上更高更幽深的山巒。一路在轉彎處，均有「陳獨秀故居」路標指示方向。此事雖小，叫人感慨。北京、上海有關重要史跡，學界認定，尚有待問津。（丁注：北京箭杆胡同二十號為陳的故居，且是《新青年》的編輯部；上海漁陽里二號，為一大之前陳獨秀建黨的活動中心，均還有待整理開發。）

下得汽車，就到「石牆院」的前門了。它在鶴山坪的一個小的平壩上，地勢高爽，向西望去，山外有山，層巒疊嶂，山間雲霧繚繞，村落依稀可見，如陶淵明所云「曖曖遠人村，依依墟裡煙。」是一幅美好的山水畫。

「石牆院」氣勢不凡！牆是一塊塊方方正正的巨石所砌成。圍了五畝左右（三千三百平方米）。遙想當年，在這荒僻之地，怎麼建成這雄偉的建築。大門一側的牆上嵌著「陳獨秀故居」的石刻。進得門來，見前庭甚闊，約二畝。碰到館長夏恒雲先生。他說：「幾十年間，風雲變幻，不斷有人遷入。前邊院子裡，也擠滿了搭建的農戶。現在二十六家都遷出去了……」江津不簡單，這要下決心呀！動遷安置費用，要花許多錢呀！為了建設「陳獨秀紀念館」原房主楊家也遷出了。仲甫先生有知，對此當會不安。所好楊家在石牆院旁建了五樓五底的樓房，上邊貼了瓷磚，成為唯一拱衛「石牆院」的建築。

院子裡砌了一個個花壇，地膜覆蓋許多地方，是在培養草坪，種了一些樹，有待長大。市黨史研究室的闞洪玉同志來了。她來移栽一棵大些的樹，植於陳獨秀的雕像之側。這位大姐，不僅是種一棵樹，她還編寫了《陳獨秀在江津大事記》，主編了《陳獨秀在江津》一書，如同建這紀念館，都是基礎工程。

「你來看，我來解說吧！」闞是一個熱心人。可是，她從江津來，正忙著，而講解員小楊（楊旭）正在旁邊。我對闞說：「不好意思，你忙吧。我請小楊講講就行了。」她給我留下電話，說：「有事找我。」

我發現小楊和夏館長手裡都拿著任建樹先生新著的《陳獨秀大傳》。夏告訴我：「快看完了。」夏原是重慶「渣滓洞白公館」那個紀念館的負責人，調到這兒，建設這個新的設施。現在這「陳獨秀紀念館」已是重慶紅色旅遊系列的組成部分，統一建制。「石牆院」如此定位，對「陳研」事業是個好消息。江津走在前邊。

二

正廳門上有「陳獨秀紀念館」匾額，黑底灰字，古樸、凝重。從攝影採光的需要，當然是黃字好。夏說：「不，上級指示我們現在是應扎扎實實做好工作，不要張揚。」想不到還有這個道理。在史學界披荊斬棘為陳正名的過程中，這顯然是最佳心態。山莊大門上的這個色調典雅、厚重，更合乎陳獨秀當年在此的情景吧。

這是一個「故居」和「展廳」結合在一起的紀念館。三進平房，寬闊、高爽、相互蟬聯，正式佈置的展廳有二十個。隨著小楊一個個走過去，瀏覽了陳獨秀波瀾壯闊、曲折坎坷的人生道路……。

正廳中間有陳獨秀半身塑像，背後板牆上鐫刻著陳簡要的《生平》，話不多，寫得好。作者找到了在為陳正名乍暖還寒時，各色人等都不能不接受的語言。如同宋楚瑜在清華演說所提到的「最大公約數」。如說：

「……一九二七年七月，他辭去總書記職務。八月中共中央（丁注：實為共產國際）解除其總書記職務。一九二九年，又開除黨籍。一九三二年被國民黨政府逮捕。一九三七年出獄。一九三八年入川，寓江津石牆院。一九四二年病逝。享年六十四歲。」

這兒告訴我們，他是先辭職的。當時且有《告全黨同志書》，檢討中共作為國際的一個支部，不得不執行了史達林錯誤的右傾路線。在史達林的權勢如日中天之際，此舉反映了中國共產黨人無私無畏的浩然正氣。不幸因此而成為替罪羊，以致終生罹難。

這兒告訴我們，他被黨開除之後，蔣介石仍是重點逮捕他。對《公開信》，國際視為反黨，不准公開。蔣的偵訊人員截獲，蔣反而視之為真正的共產黨，重點打擊。這樣，陳陷於兩黨夾擊的萬劫不復之地。

這構成了二十世紀第一大案！

展廳有的地方，仍未能完全免去陳的「右傾」之過。所以在《結束語》中，重點引述了小平同志的話：

「對中共創始人，和中期領導人，無論犯過什麼樣的錯誤，無論造成多大的危害，只要他沒有走向反共、反人民，甚至充當漢奸賣國賊，後世的人民總會全面的評價其功過，總會把他們放在應有的公正的地位。」

引述此語是煞費苦心了，反映前些年「陳學」還是「險學」時的步履艱辛。現在情況不同了。由於史學界努力的結果。中學教科書詳細講述陳既是「五四」新文化運動的主帥，又是建黨的元動。這是無以復加的高評價。

小楊的解說在有些地方不是「照本宣科」，而是吸收了史學研究的新成果。例如她說：「一九二七年，陳獨秀部署武裝反蔣計劃，遭到史達林下令阻止。

對國際和聯共的錯誤指揮，陳獨秀一直是想不通的，抵制——壓服——再抵制——再壓服，最後，還是國際派來鮑羅廷，改組中共中央，宣佈：陳獨秀不再視事。

轟轟烈烈的大革命慘遭失敗。

一切過錯都給了陳獨秀。」

而後，節外生枝，鑄成陳獨秀悲壯的人生。

三

楊帶我去最後一排房子，這是當年楊家的主要居室，最西頭一間，即是陳獨秀和潘蘭珍的臥室兼書房了。這兒有一張鏤空花格的老式木床，床前是一張小書桌。這是陳當年在此寫作唯一的臺子。不免叫人引發太多的遐想。

就是在這兒，他最早對蘇聯社會主義的本質提出質疑，歷史證明了他的論斷。對史達林的大清洗和蘇、德合擊波蘭，他憤怒了，寫下「旁行越鄰國，勢若吞舟鯨；食人及其類，動舊一朝烹。」的詩句。

就是在這兒，他對「史達林現象」作了科學的說明，指出這是制度造成的，而不是相反。

就是在這兒，他闡明「民主」是人類爭取到的成果，沒有「資產階級民主」這個東西。

就是在這兒，他深入進行了文字學的研究。真是如他所說的：「出了監獄就進研究室」。在這兒直至終年，他進行政治理論的思考和文化事業的研究。他形成的這些觀念，到今天仍有著重要的現實意義。

旁邊是一間大廚房，當年兩家合用。西廂兩間也是借給陳獨秀的，現在修整得清清爽爽，牆上掛著陳獨秀手書的一幅對聯：

「行無愧怍心常坦
身處艱難氣若虹」

「石牆院」

這兩句是陳獨秀一生，特別是其晚年精神狀態的寫照，故風靡遐邇，本是畫家劉海粟到老虎橋監獄探望他，陳所書相贈的。只是當時以行草寫成，現在牆上是大篆，據說是他到江津這兒之後重新寫的。

小楊說：「胡宗南、戴笠來，陳獨秀就是在這兒接待他們的。」胡、戴來此深山老林拜會陳，是近代史上的趣聞。共產黨的總書記被捕，視死如歸，而後又拒絕高官厚祿。在陳遁跡山林之後，日寇大舉入侵，蔣派左右手同時前來，請教陳獨秀應對之策。當時陳獨秀詳細陳述了堅持禦敵的主張。胡、戴還是有他們的心術，有意帶來了剪報一紙，通報陳獨秀。那是報上王星拱（武漢大學校長、前北大理科學長）等人為陳被誣為漢奸所作的申辯。當時，還有沈鈞儒先生撰文在《大公報》上駁斥康生對陳的誣陷。胡、戴覺得談及此事，陳一定會怒火中燒，大罵中共了。其實，陳早知此事，不再談及。

來到這個房間裡，自然使人想到，陳獨秀和國共兩黨，三者之間的微妙關係，多麼具有戲劇性！一個是統軍三十萬的統帥，一個是全國的特務頭子，胡、戴二人從重慶穿過山間的羊腸小徑微服而來，鄉民不知何許人，而年輕的縣太爺來，事先通知「清宮除道」，他對陳獨秀的恭謹態度，卻使鄉民感到了驚訝。

石牆院使陳獨秀當年得到一個棲息之地。今天，陳獨秀使石牆院得到了光彩。這是天意嗎？目前，這遠離政治中心、經濟中心的鶴山坪石牆院，率先建成了紀念有「黨父」之稱的歷史巨人的最佳之處，這是人為的了。

四

在這個小平壩上，楊旭家是唯一農戶。現在，她和爸爸在館裡工作，媽媽王曉蓉主持家務。不久前，她是「石牆院」這個大宅子的主婦。早期她對紀念館的建立、文物、一草一木的保護是作出貢獻的。

鄉間沒有旅館。我問：「可以找個地方住住嗎？」「當然可以，隨你住多久！」他們很熱情。曉蓉同志安排我和老伴住樓上一間。住進去才發現是楊旭的房間，不好意思，太客氣了。

楊旭進來，叫我們看她的書架。她翻出一本自己寫的《陳獨秀生平事蹟解說詞》送給我，語言有個性化的特點。我注意到，她敘述了陳獨秀如何入住石牆院那人生道路上重要的一步。當然，這也是楊家歷史上重要的一頁。她說：

「一九三八年六月二十八日，陳獨秀和潘蘭珍乘『民主』號輪船入川。七月二日到重慶。七月六日在《新民報》上發表《抗戰一年》。七月七日應盧作孚之邀到民生公司作《資本主義在中國》的演講。七月十四日在上清寺中央電臺講《抗戰中川軍的責任》，鼓動抗日。他在重慶一個多月，不停息地聯絡愛國志士，推動救亡運動，滿腔熱情，幹勁十足！」

「重慶太熱了，他的身體越來越虛弱。」

「北大的老朋友沈尹默看望他，勸他離開政界，找個清靜的地方潛心著述。一位日本留學時的好友鄧仲純再三邀請他來江津家中。他八月三日到達。不料鄧夫人得知他是『黨國要犯』，怕受牽連，謝絕他入住。在這種情況下，鄧仲純告知楊學淵……」（丁注：即楊旭父親的祖父）

「楊學淵時任江津教育局長（丁注：當時一般稱為勸學所長），受過五四運動的薰陶，對五四運動的主帥的到來，大為驚訝，大為興奮，安排他住到石牆院來，要求家中妥為招待……難怪家中拿出三間房子，其中有堂屋一間。」

「陳在南京坐牢五年，剛剛放出來，國民黨的特務還在跟蹤他，蔣介石還在盯著他，所以楊學淵這樣做是冒著很大風險的。」

這些年，楊學淵的後裔，為建設「陳獨秀紀念館」而又舉家遷出「石牆院」，讓出自己的房子，這一義舉，繼承了學淵先生的精神，理所當然得到人們的尊敬。

楊旭的父母親，談到「石牆院」的今昔和當前的家境，看得出，他們有順境中的愉快心情。還特地拿來《楊氏家乘》（即家譜）三巨冊，線裝、石印，蠅頭小楷，紙已發黃。他們談到，先祖楊學淵請陳獨秀來住，又怕他不安心，就說：「我家的家譜請你訂正訂正吧！」曉蓉同志翻到第三冊中的一頁，果然有「請當代名人陳獨秀訂正」字樣。做這事，對陳來說真是「殺雞動牛刀了」。我發現第三冊和第一、第二冊體例、語言完全一樣。陳顯然是尊重傳統舊規，只是對第三冊略微作了些文字上的訂正吧。

這兒，入夜蛙聲噪耳。天亮前雄雞報曉，接著是百鳥爭鳴。六時整，班車來了，鳴笛，是向遠近的山民通知：「我來了！」站在陽臺上可以看到山民背著竹簍，或挑著河藕沿著山路來趕車。楊家門前就是「終點站」。

晨間，我沿著竹林間的小路走去，竹林茂密、高大，簇擁著石牆院。路，沿著石牆院弧形的牆延伸，一直走到石牆院的後門。這後門距陳的居室是最近的。這兒是他最常出入的地方。竹林間有小的桌凳。「有竹則不俗」，這是多麼幽靜、安謐、閒適的地方。陳一定是經常在此小坐。可是，他的心裡總不平靜。正如謝山先生詩中所說的：「九州事，情難絕，千秋業，腸仍熱。正八方昏暗，萬家嗚咽……試登高縱目望秋晴，天空高。」他那時吃不飽，最後，因吃了發黴變質的東西中毒。現在，先人已去，青竹猶在，它們是仲甫先生品格的見證。

原路歸來，我才注意到，石牆院的大門前有一個天然的大的停車場，這真是上帝的安排。今後，一定會有越來越多的人前來。因為二十世紀之初中國發生兩件大事：一是「五四」新文化運動；一是中國共產黨的建立。而陳獨秀既是「五四」運動的主帥，又是建黨的元勳，在他長期被誣陷、貶損之後，今天報刊上的大標題是：「陳獨秀又向我們走來！」

陳獨秀是中國共產黨的光榮！

陳獨秀是中華民族的驕傲。

緬懷陳獨秀，紀念陳獨秀，江津走在全國的前邊。

無疑「石牆院」將益加閃現出它的光彩。

兩件小事，念念不忘，附記於此：

一、在告別「石牆院」時，王曉蓉同志說：「陳獨秀和潘蘭珍翻過山間小路來到此，可能沒帶餐具，就是帶了他也沒有帶走。陳獨秀去世了，潘蘭珍按照先生的叮囑去農場『自食其力』，後又去了上海。我們兩家廚房是合用的，餐具也不分家。」她拿出一個景泰藍的小飯碗，說：「這是上世紀初家裡用的，說不定陳獨秀用過呢！送你一隻作為紀念。」此語叫我大吃一驚。卻之不恭，而受之有愧，一時不知如何是好。

二、楊旭是高中畢業生，好學而勤奮。她就出生在陳獨秀和潘蘭珍住過的那個房間裡。現在是紀念館的講解員，天天講，對歷史有知識、有感情，有志寫作。我說你就寫《我和石牆院》，寫陳獨秀，寫楊學淵，一直寫到你爸爸、媽媽，給我們講故事吧。直到送我們上返程的汽車時，她還在談計劃中的書稿。她的書一定會受到大家的歡迎。

二〇〇五年四月

巍巍獨秀園

二〇〇七年十月，赴安慶瞻仰落成的「獨秀園」，其規模之宏偉，出人意料。占地一點三七平方公里，南京大學專家設計得莊嚴肅穆。環顧海內，作為個人陵園，除中山陵之外，罕有可比肩者。

中華民族以此告慰仲甫先生的在天之靈。

這是和他建樹的歷史偉業相稱的。「他是『五四』新文化運動的總司令」，「是他集中了一些人，這才成立了中國共產黨」（毛澤東語）。他是黨的一大到五大的五屆總書記。

特別是他一生坎坷，由於高尚的人格而蒙受太多的苦難，這是黨內外複雜的鬥爭造成的。正如恩格斯講：「黨內有路線鬥爭、思想鬥爭和權力之爭。」這一點從來沒有間斷過，只是仲甫先生承擔了太多歷史的重負！

近一個世紀的歷史煙塵，使他成為一個大有爭議的人物！一個個「歷史巨人」是他的對立面。從而展示其人格魅力和生活的戲劇性。公正的歷史老人，終於還是逐步拂去加在他身上的污泥濁水。在新世紀到來之時，他迎著新世紀的曙光重新站出來——說明中國的進步。

北京在五四大街豎起了他的雕像。

中學教科書對他作了全面肯定和高度評價。

「獨秀園」的立項和落成，當然不僅是地方之舉，不僅是旅遊景點，而更是一個重要的標誌。說明黨在走向成熟，民族在覺醒。北京街頭雕像前石碑上的兩個字就是「曙光」，說明他重新站出來的意義。

「獨秀園」在安慶市東北郊區約十公里處，上次來是曲折的小路，綠蔭夾道。這次來是汽車長驅直達。當地陳獨秀研究會李銀德先生給我們講了幾十年間建墓的沿革。先是仲甫先生的三子從四川扶靈東來，本是入土為安，但並不得安。墓碑上甚至不敢寫上陳獨秀或仲甫先生的名字，而是用一個只有家人知道的別名。若干年後，湮沒於荒煙蔓草之間，甚至難以尋覓了。而後又改建一次，碑上如何寫呢？稱「同志」，不可。稱「先生」含有敬意，也不可。即直呼其名。碑高一米。不久又為荒草所掩沒。若干年之後，「文革」的劫難過去了吧，又重建，始達到常人陵墓的局面……仲甫先生之靈的翻身過程，也是世事演進的紀錄。

臨近陵園，有一廣場，北側豎著一個大的牌坊，這是陵園的南大門了。「獨秀園」三個字是仲甫先生的手筆。他的書法古樸老到，一望而知。站在那兒向北望去，層層遞進，頗為深遠。中間有高聳的銅像，近看是他年輕時的身影，高度頗有講究——九米。「九」是個位數的極致。「九天之上」、「九泉之下」都是「九」。高於三湘之地那三個銅像。彭老總的像略高，是八米一，是取「八一」軍魂之意。

銅像前，有大型石雕。正面是打開的《新青年》雜誌的封面，背面是他在《新青年》上提出的「六義」：

自主的而非奴隸的，進步的而非保守的。
進取的而非退隱的，世界的而非鎖國的。
實利的而非虛文的，科學的而非想像的。

和同行諸君，在此品味良久，真是不簡單啊！這六句話，既是個人的安身立命之道，又是治國安邦的正確方略。以此對照我們走過來的路，使人感慨，更見其高瞻遠矚，思想的睿智深邃。

兩側草坪上，各有巨石一塊，一塊上書「民主」，一塊上書「科學」，呈自然狀態，如從天而落，突兀出現在綠草如茵的地毯之上，象徵著「民主與科學」的橫空出世！「五四」以後，經歷抗日戰爭的民族廝殺、解放戰爭的階級搏鬥，建國後有歷次運動。總之「德先生」、「賽先生」姍姍來遲。在走過漫漫征途，回顧往事時，為了迎接未來，我們還是要呼喚「民主與科學」。今天，要有「科學的發展觀」，「堅定不移地發揚民主」，「沒有民主，就沒有社會主義！」這些訴求終於成為黨當前的綱領，成為歷史的最強音。

最後來到仲甫先生的墓前，墓在石欄環抱的平臺之上，忽然想到下一個問題，裡邊有沒有他的遺骸呢？因為「文革」殃及名人的陵墓，如我們南通張謇的墓被挖，屍骨不存；曲阜孔子的墓也是同樣的命運。最近知道田漢亡故於「秦城」，骨灰盒裡居然只放著他寫的《國歌》歌詞，和他的代表作《關漢卿》。面對陳獨秀這莊嚴的陵墓，不忍談這些。還是換一個話題，建此陵園耗資八千萬。「錢是哪來的？」銀德同志告知，「北京撥一些，這樣，省裡、地方也出一些。而主要還是民間籌集的」。他還興致勃勃地說：「下邊還要建紀念館。外地企業家熱情得很，爭先出錢呢！」凡有識之士都有共識：仲甫先生擁有未來。

我們在陵園處處徘徊良久，有時坐下來小憩，不免浮想聯翩。因為陳的一生太豐富了。「獨秀園」落成，是否可以說他的歷史地位終於確立，畫了一個句號了呢？還有什麼事情要做呀！

許多年來，國人，特別是史學界的朋友，為仲甫先生的正名，披荊斬棘。「陳學」曾是「險學」，頗有風險呢！綜觀這門獨立的史學工程，包含著本體還原層，歷史反思層，現實觀照層。在研究之外，還有通俗宣傳的所謂「啟蒙」工作，遠沒有到「馬放南山」的時候呀。

一、關於本體還原。路過合肥，晤沈寂先生（省陳獨秀研究會會長），他正在繼續撰《陳獨秀年譜》，構建一部巨著，致力於更細緻、更科學的記述。一個重要的現象是，早已還原了的歷史事實，有人不承認。有的媒體還是依然故我。如「右傾機會主義」，這是仲甫先生最後一頂帽子。這頂帽子之難脫，恰是因為這是仲甫先生高尚人格的展現，折射出了反面的情況。陳獨秀一再對共產國際的右傾提出意見，終於鬧翻了。陳獨秀寫《告全黨同志書》，第一句話即指斥史達林的機會主義。史達林是那樣的鍾情蔣介石，說「青天白日旗不能丟」，「誰離開國民黨，誰就是離開革命」。陳終於拍案而起，在服從組織（當時中共是共產國際的一個支部）和追求真理之間，選擇了後者。他預知後果，被迫出黨。在史達林的權威如日中天之際，誰曾敢對他如此抗爭？瞿秋白的《多餘的話》反映出，他對敵人的殺害是視死如歸，而對共產國際的指示「右傾的後果只能由陳負責」感到精神的痛苦和折磨，最終發出自己的心聲，臨刑前寫下了並不多餘的《多餘的話》。有的媒體，今天仍咬定「右傾」之說。和當年的共產國際一樣，反映一種政治需要和道德的缺失。

《告全黨同志書》中反映陳的耿耿情懷，這使蔣介石發現了他是「真共產黨」。於是懸賞，重點追捕，長期關押。史達林開除之，蔣介石逮捕之，構成世紀大冤案。多麼具有戲劇性！

陳的人格魅力，給真正的共產黨人贏得了光榮，也折射出了黨內鬥爭的複雜性。陳概括說：「善非惡之敵。」好人鬥不過壞人呀！

二、關於歷史反思。如石鍾揚先生在《文人陳獨秀》一書中說：「關於陳獨秀，我認為他首先是文化領袖，其次才是政治領袖。就文化而言，他呼喚的科學與民主具有永恆的魅力。就政治而言，他則是一個悲劇人物。」反思歷史，他在黨內不過十年（一九二〇年建黨到一九三〇年離黨），其中是慷慨悲歌地陷於是非的漩渦。有人對「陳學」工作，曾認為應爭取其「回黨」，才是最後的成功。這當然很好，因為對黨健康發展有利。可是他一生主要的貢獻不在「共運」。他自已願意回黨嗎？康生等及時拋出「漢奸」的誣陷，沈鈞儒等社會名流強烈抗議，為其辯誣。周恩來勸慰，徐特立斡旋，說「問題解決了」。陳獨秀說：「我看永遠沒有解決的時候。」他知道，這不是康生的個人行為。他最後和黨告別了。

半個多世紀過去，黨本身有了很大的變化，陳是否願意回黨呢？類似的問題是對歷史的反思。我寫了篇《留在民間又何妨》，說明自已的觀點。

三、關於觀照現實。陳獨秀今天好似生活在我們中間，誰也無法否認他睿智思想所顯示的預見性。其晚年的思想有三個亮點：

1. 我們對民主理念的發展是一個曲折漸進的過程。先是「手段論」，認為「民主」只是一個手段，這有「成功」的喜悅和不幸的結局。後是「目的論」，這是撥亂反正。近些年又有「生命論」，「沒有民主就沒有社會主義」。誰都知道「政策和策略是黨的生命」呀。其實，陳獨秀對民主早有深刻的闡述。他認為「民主」是普世的價值觀，是人類經幾百年的鬥爭所取得的成果，不存在「資產階級民主」這個東西，誰給民主貼上資產階級的標籤而加以反對之，誰就是在搞法西斯了。「文革」之後，報刊上不是大量出現了「封建法西斯」這樣的評說嗎。

2. 「個人崇拜」曾經肆虐中華，黨的十一屆三中全會，提出「實踐是檢驗真理的唯一標準」，否定「兩個凡是」，一時被認為是中華民族的思想解放。「唯一」一詞是胡耀邦同志加上去的，使論點更為嚴密。其實，陳獨秀對這一觀點，早提出、並作過具體的闡述了。就是他那一段有名的話：「人類社會進化無窮期，世界上沒有萬世師表的聖人，沒有推動萬世而皆準的制度和包治百病的學說這三件東西。」

陳獨秀說的多麼完整、透徹。只是官本位客觀需要「唯書、唯上」，它本能地要培養個人崇拜。陳獨秀也曾清楚指出，史達林這樣的人是制度產生的，不是有了史達林才有蘇聯的暴政，而是因有那個制度。他指出，反對個人崇拜，只反對個人是不行的，而是要解決制度問題。今天個人崇拜的幽靈仍在徘徊。他的話今天仍有現實意義。

3. 如何認識「社會主義」是重大的問題。「十月革命」之後，我們崇拜蘇聯，甚至稱之為「老大哥」，認為它是國際共運的核心。陳獨秀則說：「認為蘇聯是社會主義是糟蹋了社會主義。」他對蘇聯的內外政策極反感。對史達林和希特勒合擊波蘭，更是怒髮衝冠了。他是把「KGB」和「蓋世太保」，史達林和希特勒視為一類的歷史現象。實踐又證明他是正確的。這些年，我們為蘇聯的紅旗落地而惋惜。其實，蘇聯上空飄揚的是革命紅旗嗎？

今天，陳獨秀的思想仍然領導著時代的潮流。「獨秀園」落成不是一個句號。但願是一個新的啟蒙運動的開始。

千百年來，我們崇拜皇帝，崇拜政治領袖，因為他們握有權柄。這也是權威主義者的需要。其實，真正需要的應該是崇拜真理，崇拜偉大的思想家。國際歌不是說「我們要為真理而鬥爭」、「沒有神仙和皇帝」嗎。日本萬元鈔票上印的頭像是福澤諭吉。他是一個思想家。他只是在明治維新時代翻譯了大量西方著作，給大和民族輸入了新的文化品格，日本因此形成了一次新文化運動，社會發展上了一個新的臺階。

正如石鍾揚先生講的，陳獨秀主要是文化領袖。從「五四」時起，他就是中國文化運動的「總司令」。更重要的，他的光輝思想不僅有現實意義，且又擁有未來。

二〇〇七年十月

獨秀園陳獨秀銅像

跟蹤
先賢

和蘇東坡合影

蘇東坡在文學史上的地位當然是一個高峰。高在他的瀟灑、飄逸的味兒，還有深刻的哲理思辨……

小時即知道有這位蘇老先生，那是因為父親把他的《前赤壁賦》、《後赤壁賦》作為教材。時在一九三八年，躲避日寇到湘西腹地大庸（即今日之張家界），日軍步步緊隨，佔領半個中國。千里流亡，父親還帶他那本《古文觀止》，治著我讀書……

無休止地朗讀，在似懂非懂之中，也領略到他字裡行間的節奏和旋律，只是對一個十一歲的孩子，有些話實在是講得太玄了！

蘇子曰「客亦知夫水與月乎？逝者如斯，而未嘗往也；盈虛者如彼，而卒莫消長也。蓋將自其變者而觀之，則天地曾不能以一瞬；自其不變者而觀之，則物與我皆無盡也，而又何羨乎！」

他說一切都在「逝」，而又沒有「往」；一切都可以從「變」的角度看，也都可以從不變的角度看，如此人生，真是豁達瀟灑。

半個世紀之後，我終於到了四川，專程去眉縣瞻仰他的故居「三蘇祠」（三蘇者：蘇洵、蘇軾、蘇轍父子三個文學家），遂有這張和蘇東坡的合影。園中有巨大的池塘，荷花茂盛，花香四溢。在園池邊的亭中小憩，閉目尋思，看是不是還可以背出他的那首《水調歌頭》：「明月幾時有，把酒問青天，不知天上宮闕，今夕是何年……」是想到當年曹禺的話劇《家》（原著是巴金的小說），他叫覺慧教四鳳這首詞，舞臺上的朗誦，著實增加了劇本的書卷氣呢。

蘇東坡這個知識份子，當時又何能掌握自己的命運。宦途坎坷，幾上幾下，不過他能對付，集儒、佛、道於一身。「達」則以儒家「入世」，「窮」則以佛家「出世」，以老莊「避世」。中年謫居海南島，度過了淒涼孤寂而又隨緣自適的晚年生活。

現在有人時興「傍大款」、「傍大腕」，我在「三蘇祠」和蘇東坡合影時傍什麼？姑且曰：「傍大筆」。他是一個大手筆。

傍他幹什麼？大手筆學不到，能學他的一點「隨緣自適」也好。

蘇東坡雕像

瞻仰史可法

每次去揚州，總要去梅花嶺。

一次，揚州師範學院的老友羅蔚文兄，從書櫥中找出一本發了黃的《揚州十日》，給我一閱。看得我心驚肉跳，毛骨悚然。一六四五年四月，清軍兵破揚州，明遣至揚州督師的太傅、兵部尚書史可法，對諸將說：「大勢去矣！吾誓於城殉，誰為我臨期成此大節？」他成為我國歷史上與岳飛、文天祥齊名的民族英雄。他的精神，他的氣節，一直鼓舞我國人民與侵略者作英勇不屈的鬥爭。

戰亂之中，史可法屍骨無存。次年以衣冠葬於梅花嶺。梅花凌霜傲雪，一塵不染，自古以來，即被人們視為高雅堅貞的象徵。全祖望有《梅花嶺記》，文中說：「百年而後，予登嶺上，與客述忠烈遺言，無不淚下如雨，想見當日圍城光景。」這是萬眾瞻仰史公遺址的心情。

有一年，和旅伴同往，至饗堂，見史公頭戴烏紗，著明朝官服，正襟危坐，神態端莊安詳，眉宇間是剛正凜然之氣。不由肅然起敬。這時，朋友拍了這一張照片。

塑像兩邊柱上掛著郭沫若所題聯：「騎鶴樓頭，難忘十日；梅花嶺畔，共仰千秋。」而嚴保庸那被譽為「空前絕後」的篆體名聯則是「生有自來文信國；死而後已武鄉侯。」怎麼「生有自來」

呢？傳說其母夜夢文天祥，而生史可法，傳說而已。這對聯是讚揚史可法有文天祥「留取丹心照汗青」的精神，有諸葛亮「鞠躬盡瘁，死而後已」的情懷，對得工整，評的貼切。

朱自清曾寄居於史公祠之側，他對這兒的一草一木都滿懷濃厚的深情。蔡廷鍇將軍曾來此題詞。詞曰：「率孤軍，守孤城，臨難不苟，偉大的愛國精神，永遠是後人學習的榜樣。」朱、蔡後來的愛國壯舉，人所共知，正是史公精神的薰陶。

饗堂正中高懸《氣壯山河》匾額，為國民黨的國防部長何應欽手書。在前一歷史時期被鋸去了上下款。大門口的「史可法紀念館」為朱德元帥手書。相映生輝，共仰先賢。

史可法像

拜謁林則徐

林則徐是中國近代史上第一個偉大的民族英雄，第一個放眼看世界的人。到了福州，前往林家祠堂拜謁。他的這個故居，已是常設的紀念館。

林則徐的塑像，置於大廳的一個神龕中，據稱體形按照本人的身材塑造。目測，身高一米五六左右，不是想像中的高大魁梧。據說趙丹發現這一情況大喜。因為他的身材也不高，電影《林則徐》是他的代表作。

塑像栩栩如生，神采奕奕。站在他的面前，感到他開口就可以講話似的，這給人以啟發：「他會講些什麼呢？」

大廳外邊，兩側有一楹聯：「苟利國家生死以，豈因禍福避趨之。」這兩句是林則徐精神最集中、最凝練的概括了。這

瞻仰林則徐

是他發配伊犁西出陽關，在西安告別家人時的詩句。幾十年間，我的頂頭上司曹從坡同志一直把這兩句話作為「座右銘」掛在客廳裡。

楹聯為林的孫女婿沈葆楨氏所題。我吃驚地發現沈崇是他的女兒。一九四六年，美軍在北京街頭對女大學生沈崇施以強暴，因之掀起全國性的抗暴運動。這成為「第二戰場」偉大鬥爭的一個高潮，乃帝國主義在華的喪鐘。

啊！百年近代史，苦難深重，壯烈絢麗的民族歷史畫卷，前後照應，濃縮在林則徐一家了。這種歷史的偶然和巧合，真是太富有戲劇性了。

看望曹雪芹

愛新覺羅・敦誠寫一首詩贈曹雪芹。最後四句稱：

勸君莫談食客鋏，
勸君莫叩富兒門，
殘杯冷炙有德色，
不知著書黃葉村。

黃葉村在哪兒？

在北京西郊的香山腳下，曹雪芹晚年流落到此，生活貧苦，是「舉家食粥酒常賒」了。兩百年前，他在這兒「披閱十載，增刪五次」寫下了《紅樓夢》這一部被稱為封建社會的百科全書的偉大著作。

一九九八年四月，和德太弟到香山之麓，果然找到了「黃葉村」。現在已建「曹雪芹紀念館」。德太弟說「叫紀念館，沒有叫故居，比較好，因為他雖生活在這一帶，專家們對故居的具體地點，意見還有分歧。」五〇年代，馮其庸老師告訴我們，一批又一批專家，反覆調查考證，也只有一個大體的意見。

紀念館還是儘量按照當地當年民居的結構，給歷史上的曹雪芹蓋了幾間小房子，為取暖的需要吧，開間是極小的。有一間用繩子隔開，不准有人涉足。那是他寫作的地方，儼然是一個聖地，可以看到桌子上的「文房四寶」。看到不知是真是假的手稿、毛筆字，硯臺旁還有似為曹剛剛放下來的毛筆……牆上一幅對聯，上書「假作真時真亦假，無為有處有亦無。」

當時，他寫《紅樓夢》，並沒有發表的地方，是身後，有人在舊貨挑子上發現，而傳抄流傳的。曹雪芹說：「繩床瓦灶不足以妨我情懷，階柳庭花適足以潤我筆墨。」這是他寫作時的心情。德太弟三十年前下放在這京西山區，他說：「這一帶人睡炕，不曾看到繩床。」我在故鄉農村見過，夏天可以搬到院子裡乘涼。曹雪芹言生活貧苦而已。

紀念館有不少展廳，都是和「故居」雷同的矮小房子。如此設計，保持了當年古樸的風味。

二百年來，研究《紅樓夢》，形成《紅學》。「紅學著作可以開一個圖書館了」！馮其庸老師當年說。在展

曹雪芹立像

廳的玻璃櫃裡，看到馮老師這位紅學大家手書的詩章……回到家裡，又看到金陵客立足當前，取材《紅樓夢》別具一格的雜文集《紅樓絮語》。

真是說不完的《紅樓夢》。

吳敬梓的魅力
——全椒之行散記

對吳敬梓所知甚少，只知道他寫了一部《儒林外史》。這部小說確也了不起，那些士林之中，可憎、可恥、可憐、可笑、可氣……的各色人等，都活脫脫地展示出來了。他好像有說不完的、植根於封建社會制度的故事。

吳是安徽全椒縣人，那兒有一個吳敬梓的紀念館。從南京坐汽車向西，半小時也就到了。去年初冬季節，懷著對吳敬梓的仰慕之情，我前往一遊。路雖不遠，畢竟到了安徽地界，又是一方水土了。在縣城中心下車，看到店裡有胡椒辣湯，口饞起來。辣湯一塊錢一碗，好便宜！裡面有粉條、麵筋、海帶絲，實實在在。我說：「老闆，你這湯好稠啊，還能賺什麼錢呢？」他說：「你嫌稠，人家還想再稠一點呢！」吃完在街邊問路，三輪車夫說：「我送你去吧，有不少路呢。」我問：「多少錢？」他說：「放心，不會多要的。」我坐上去，直送到城鄉交界處，他要了三塊錢。我總覺得這一帶人樸實、憨厚，不過還得加上智慧和耿直，才能造就一個吳敬梓。

寬闊的大河兩岸疏柳成行，斜坡上遠遠有三五隻牛羊……真是一幅清新的風景畫。吳敬梓筆下王冕放牛的自然環境也只能是這樣吧。

一座大橋橫跨河上，正面就是「吳敬梓紀念館」，看來，大橋為館而建。沒進門，就感到了它的氣派。紀念館有左右對稱的殿宇和迴廊，向後層層抬高，顯得莊嚴宏偉。紀念館占地四千平方米，政府出錢，大家集資。家鄉人民對吳敬梓如此厚愛，肯定他是沒有想到的。

對著大門的碑碣，刻的是魯迅先生的書法：

「……迨吳敬梓《儒林外史》出，乃秉持公心，指擿時弊，譏鋒所向，尤在士林，其又戚而能諧，婉而多諷。於是說部中乃始有足稱諷刺之書。」

真是言簡意賅！寥寥幾句，把吳的思想品質，寫作風格，歷史地位都說明了。再上臺階，平臺上有吳敬梓的巨大塑像，瘦瘦的高個子，體態飄然瀟灑，神情睿智樸實……是啊，從《儒林外史》可以看到他俯瞰人寰的氣度，可以看到他舉重若輕的風格——既有長篇的恢宏容量，又有短制的精悍雋永。高就高在這兩者兼而有之。胡適安徽人。他說：「我們安徽的大文章，不是方苞，也不是劉大櫆，不是姚鼐，是全椒的吳敬梓。」

紀念館的正殿和兩廂，陳列著大量古籍和文物，說明吳敬梓的身世、歷史、影響……那是研究者必須駐足過細研究的。耐人尋味的是吳寫作的心態。細讀他的作品，雖然如同一個「諷刺系列」，但是，竟沒有一個貶詞，也沒有一句褒語。諷刺從何而來？這真是大手筆了。也是讓人物自己來表演，范進的寒酸，馬二的迂而可笑……無一不給人深刻印象。不免有人「對號入座」，惹出麻煩，他還是癡心地從事藝術的追求，別的不計。

不知吳敬梓當年出書時的心境和環境比今日如何。他是有點無私的憨勁，給我們留下了一筆寶貴的文化遺產。

一九九七年

吳敬梓紀念館

「史筆昭世」——去韓城瞻仰司馬遷

二〇一一年五月，西安繼上海「世博會」之後，舉辦「世園會」（世界園藝博覽會），聲勢不小。我們蘇、魯、豫、皖諸省的丁家兄弟姊妹相約前往，借此機會歡聚。可能是希望值過高，感到「世園會」的園林，不及江浙的風光，自然條件不及雲南的昆明（昆明也辦過一次）。但這個「世園會」卻迅速改變了西安的面貌，是更加整潔而花團錦簇了。西安古都本身就是歷史文化的博覽會，可看的東西太多了。以大雁塔為核心的那一帶市容，特別是向南擴建的景區，充分展示了大唐文化。歷史人物真是群星燦爛！慶東妹婿又介紹了附近的一些景點。有秦二世墓，這是一個要「曠古凝思」的去處；有王寶釧久居的寒窯。他還講了民間傳說生動的故事。這個故事也以各種文藝形式表現出來，演化成為民族傳統文化的內容了。還建了一個「吟詩壇」。圓形的臺子，再圍上一圈圓形的圍牆，是想再創造一個北京天壇「回音壁」的效果吧。牆的內外寫滿了唐詩，真是太豐富了。

看了這些地方，我趁機去陝南兩天。這是懷舊之旅，不是爬過秦嶺，而是鑽過秦嶺。這是始料不及的。回到西安，想想還有什麼地方可看呀？東線有秦墓的兵馬俑，有楊貴妃「溫泉水滑洗凝脂」的華清池，有名為「民族復興亭」的捉蔣亭。去過了。西線有秦都咸陽博物館，還有武則天墓和那「無字碑」。這個統治中國五十年的女人，果是不凡。還有「法門寺」等都去過了。南有野生動物園，北有「黃陵」，也都去過了。想想還應去韓城，瞻仰司馬遷。沒有想到，這些年司馬遷在我們的生活中又突顯出來。隨著時間的推移，他將會更為人們所矚目。相反，當人民瞭解歷史真相，有些景點（如南泥灣）的光彩將很快會黯淡下去。中國民族的良知不會泯滅。韓城那個景點，定將會日益凸出它的光彩。因為司馬遷乃民族之瑰寶，他的立功、立德、立言都給後人留下範例。

為寫此文，在百度網站點擊「司馬遷」條目，得資料四十多頁。略摘一點如下：司馬遷，字子長，中國第一部傳記體通史作者，該書從上古至漢武帝概括了三千年，「究天人之際，通古今之變，成一家之言」。全書一百三十篇，五十二萬字。乃實錄、信實，魯迅譽之為「史家之絕唱，無韻之離騷」。

「出生龍門，耕牧河山之陽」。二十歲起，巡遊各地，南自雲貴，東達齊魯，南起吳越，一再隨皇帝出行。

父親司馬談，為傑出的學者，著《論六家要旨》高度概括了諸子的思想。他認真培養司馬遷，寄以厚望。司馬遷的家學可想而知。

西安吟詩壇

西元前一〇四年，司馬遷開始著《史記》。西元前九十九年，為李陵案入獄三年。出獄後，仍任中書令，有機會看到皇家的文書檔案。西元前九十一年完成《史記》，時年五十五歲。減去獄中三年，他寫了十年。

讀書積累了知識，旅遊增加了觀感，冤獄的激憤，形成了寫作的動力。生活教育錘煉了感情。如他到達汨羅江，朗讀屈原的詩篇，痛哭流涕，所以他筆下所寫的《屈原列傳》，能寫得很有感情。

司馬遷為世界文化名人，人格名揚天下，文章曠世雄健，歷代讚譽有加，如：

楊雄說他「不虛美、不隱惡、語中的」。說他是「實錄精神的第一人」。韓愈說他的風格是「雄深雅健」。柳宗元稱：「樸實凝煉，簡潔利落，無枝蔓之疾，滴水不漏。增一字不容，減一字不能。」

他的風骨，主要表現為詳實，說真話。

慶東夫婦也沒有去過韓城，他們的兒子杜天駕車送我們一起前往。

提前說幾句：六月初，回到南通家裡後，全國有高考。鳳凰電視臺播出許多省的考生，筆下都思考和論述司馬遷，從不同的角度……這當然是高考題目這個指揮棒確定的。一百多歲的學者周有光和記者對話，不知怎麼的他也忽然談起司馬遷。說他的歷史觀是正確的，他的《史記》了不起。

國家如此之大，時間如此久，兩千多年了，怎麼不約而同都想起了司馬遷呢？我去韓城是旅遊的興趣，他們是什麼興趣？說到底是人類社會的發展總是有向上的真、善、美的追求……杜天駕車送我們出西安，向東北行，過渭水、涇水，直到黃河邊，行車兩個多小時。途中，慶東談到，那一帶姓同的、姓馮的，和司馬遷都是一家人，每到清明是同時祭祖的。那是因為李陵案株連司馬遷，李陵被滅族，司馬遷全族驚駭逃亡，改了姓，在「司」之旁邊加一豎，改為「同」，在「馬」字旁加兩點，改為「馮」。李陵率五千之眾，抵禦匈奴三萬騎兵，寡不敵眾，在英勇殺敵數千之後，李陵被俘。數年後逃回祖國。在漢武帝看來，應「殺身成仁，捨生取義」。判死刑，滅族。司馬遷認為李陵是有功之人，為之辯解。武帝大怒，施宮刑。家族不免駭然，紛紛躲避滅頂之災。「宮刑」，就是對太監進行的閹割。司馬遷視為奇恥大辱，痛不欲生，但想到父親的囑託和歷史使命，還是忍辱負重地活了下來，發奮完成《史記》這個責無旁貸的任務。

李陵是功還是過？這個認識上的矛盾，我們這個民族千年延宕至今沒有搞清楚。所以人民志願軍被俘人員，爭取回到祖國，是黨員的，首先開除黨籍，而後審查。許多人一輩子苦難深重，抬不起頭來。最近，我們的電視上還是重點宣傳「八女投江」「狼牙山五壯士」跳崖自殺，認為是應有之義。在伊拉克戰爭中，美軍被俘人員回國時，如英雄凱旋，受到盛大熱烈的歡迎。這是截然不同的觀念。前提是對生命的態度。被俘者當然是站在第一線戰鬥的，到了為國捐軀的邊緣了，被俘顯然不是個人的責任。

在韓城之南的二十公里處，司馬遷的墓，面對黃河，在高山之上。墓址選在這兒，真是太氣派了。特點是高聳而陡

司馬遷祠1

峭，分三段可達。每一層有數百級，巨石砌成，千年至今，已被腳印磨光了，這使人想到永定河上盧溝橋巨石被磨光的情況，只是這兒記錄了更為久遠的歷史。每層之間留下小的平臺，是安排遊人小歇吧。每層之間建有過道門。第一道門上有橫幅「漢太史司馬遷祠墓」字樣。第二道門上有「史筆昭世」四個字。絕頂處的平臺上，有「司馬遷墓」：圓形，四周鑲有石塊。墓上居然有兩株樹，已長得很高了。墓四周的平臺凌空高懸，是遠眺的最佳去處。

面對的是陝、晉之間的開闊地帶。黃河從北向南穿過其間。龍門一帶的河面落差，形成洶湧澎湃的著名的「壺口瀑布」。司馬遷有知，是有感於山河的壯美，還是為黃河濁浪、水土流失而心憂呢？黃河是中華民族的母親河，司馬遷生於此，且在龍門的關鍵地點。我們曾發出「一定要把黃河治好」的宏願，半個多世紀過去，結果是培養出一個「民族精神史上的璀燦明珠」——黃萬里。專制主義否定了黃萬里的科學理念，他成為最後一個脫帽右派，因為是欽定的。皇權思想使三門峽工程徹底失敗了，而且無可挽救。母親河慘遭不幸。假如司馬遷活著，這當然是他最關心的問題。他那有唯實精神的「太史公曰」，不會遭遇到黃萬里同樣的命運嗎？

皇權的表現形態，隨著時代的變化也有不同。或者說，「有了進步」。司馬遷受宮刑，在漢武帝看來，小事一樁。在宮裡工作的男姓太監，都是要做的手術。司馬遷出獄後，仍掌管著宮廷的文

史筆昭世

書檔案，仍不斷隨皇帝出行。現在沒有宮刑了，尊重你的「生殖權」；滅族沒有了，但株連還是做在明處，這是並不需要法律程序的。如劉少奇被害致死後，王光美的不殺，關十二年，放出來後，王還要謝當朝賜不死之恩。其實，她有什麼罪呢？這不是典型的皇權餘韻猶存嗎？

四類分子的子女，升學、就業、參軍，甚至解決婚姻都很困難。有的幹部，幹得好好的，忽然發現有海外關係，對不起，調動工作，這是一般的情況。

司馬遷對皇權給予他的屈辱，是怎麼想的？他是為事業而忍辱負重，在《報任安書》中，表達了內心的痛苦和憤懣。他不是「謝主隆恩」，不是媚上苟安。這反映在他的筆下，堅持說真話，是最好的證明。

學習司馬遷的《史記》，我認為其突出的優點有三：一是真實，實話實說；二是簡練，不蔓不枝；三是具體生動，可讀性強。

一個現象奇怪：司馬遷身居廟堂之上，居然可以不看當朝的面孔講話，而寫出《酷吏列傳》這樣的文章。他對陳勝吳廣這樣造反的草民，居然可放在「世家」的位置上，把他們抬得很高。因為真實，他不期然反映出農民起義的客觀規律性，否定了農民運動是「一些階級勝利了」，那推動歷史進步了的結論。司馬遷對陳勝吳廣造反的結論和馬克思對太平天國洪秀全作出的結論是一樣的。認為他們不過是給人民造成了更大的痛苦和災難。

農民運動造成的改朝換代，新皇帝也可能是更壞一些。

最可貴是司馬遷以具體生動的語言給我們留下信史。短短一篇《陳涉世家》，揭示了農民起義的肇始和終結。一句「天下苦秦久已！」說明造反勢在必至。「帝王將相寧有種乎！」說明了造反的動機，不過是也想稱王。「苟富貴、勿相忘」一語和奪權之後殺戮階級兄弟相對照。開初製造天意所歸的神話，蠱惑群眾。太平天國也用拜上帝會。總之，引進或製造神權，設立神壇，或樹起大救星，以發動和凝聚群眾不過是權術水平不同、手法不同而已。歷史上一百多次農民起義，都被司馬遷概括了。不是他有意概括出來了，而是他還原了運動的原生態。真理是最樸素的。

現在，司馬遷祠墓居於龍門黃河之側高高的山崗之上。千百年他目睹中華母親河，南去而又東流。他這地位真有歷史的象徵意義。說他「史筆昭世」，是他以史筆昭告世人：我們應該敬畏歷史，虔誠地面對歷史，如果我們漠視歷史、歪曲歷史、篡改歷史，民族的精神支柱就崩潰了，民族的道德底線就沒有了。

不幸，魯迅先生說：「正史塗抹太多，不易看到真的面目。」雖說社會不斷進步，不論道路怎麼曲折，但「正史」卻是依舊反覆敗落下來。野史當然是另一回事。《史記》是司馬遷一個人寫的，花了十年時間，因為是信史，千古不朽。當今一部正史，二十人一個團隊，寫了十六年，反覆通不過，四易其稿，終於還是實現了從「尊重事實」到「尊重需要」的轉變。

司馬遷祠3

由此可看到，「正史」不是個人道德品質決定的，而是社會面貌、政治生態的反應。兩千年前的漢武帝，那時情況還好一點呀，我給當代一「太史公」的信中講了一個故事——

漢武帝走到司馬遷的書房，問：「你寫到哪裡了？」答：「啟奏陛下，言及當朝。」漢武帝說：「我可以看看嗎？」答：「不可！先朝聖主有明示。」

我是在電視劇《漢武大帝》中看到這個細節的。不知是否真有其事。即令是作者所杜撰，嵌入劇中當也有藝術的真實性，是精彩的一筆。但如放在現代劇中，這個故事藝術的真實性也沒有了。社會這一演變是可悲的。其實，三百年前英國就取消了對作品的「預審制」，香港作為殖民地時也根本沒有需要審查的這個制度。今天這是中國的特色。

難怪說《史記》是史家的絕唱，它到了絕境的高度，後之人未能企及。當今「正史」已把「瞞」和「騙」作為理所當然。據悉，史官們的心情也是很複雜的，有人感到痛苦。一百多歲的周有光先生說：「不是中國知識份子都成了犬儒。他們的良知不泯。一旦沒有了以言定罪，他們就會說出自己的話來。」

希望這一天早些到來，以傳承信史，告慰司馬遷的在天之靈。

行程
萬里

南行十日記

二〇〇五年十一月十四日至二十五日

小序

在「文革」之後，那撥亂反正的日子裡，樂老（秀良兄）有一論，再論《日記何罪》，幫成千上萬人解除了困厄，我也是其中之一。「文革」的風浪初起，我警惕地把一包日記藏到鄉下去，不料有一本躲在了書櫥中，抄家時被造反派抄去。遂據以形成《丁弘反動日記摘抄（供批判用）》一書。怎麼反動呢？試舉一例。記聽譚震林的報告，他語重心長地說：「希望寄託在你們年輕人身上，將來請你們來中南海呀！」編者有按語：「野心可見！」如此等等。一九七二年在下放農村的茅屋裡，新婚的妻子發現我還有一包日記，大為驚訝，說：「這是什麼時候，形勢還不知如何發展，怎麼能保存這種東西！」她一一抛到鍋膛裡燒了。我惋惜之極。

事過三十年了。現在日記上說幾句真話，當無大礙。

十四日　並列著兩個鐵路樞紐

昨天，在南通就買了去廣州的火車票。今天中午啟程。乘大巴兩小時到揚州。發車時間是下午五點半，候車甚久。都說揚州是江澤民的家鄉，火車站漂亮，汽車可直開到二樓候車室。泰州站差一些，因為是胡錦濤的家鄉，炸去重建。此事傳得多，群眾頗不滿。揚州現在成了交通樞紐，有八條線路通向遠方。泰州也成了樞紐，有同樣的許多遠方的線路，且多重複。你開西安，我開西安之西的蘭州；你開廣州，我開廣州之南的深圳；你開北京，我經北京開哈爾濱……大城市南京靠邊，東邊的沿海開放城市南通也靠邊。群眾反映：「鐵路修到南通，火車只到泰州（泰州只是個縣級市）。小官想當大官，書記何能心安？」旅客少，乘務員反映，「我們開的是『政治車』。」不顧人流和物流。

這些車次，我坐了三趟了，從武漢至揚州，揚州到廣州，深圳至泰州。車廂多數空著，但車廂的設備是最佳的。硬臥的床頭有壁燈，廁所備有衛生紙等，都是過去沒有的。群眾又反映：「我們享×××的福。」實又是納稅人的錢。文力同志（鐵道部經濟研究院前院長）的大文章，說現在鐵路還是延襲計劃經濟體制，「已陷入惡性循環」。改革的起點應是「政企分開」。可能因為院長的前邊有了一個「前」字，著實講了真話。

這「兩個樞紐」是奇特的，不合常理的。叫人想到趙紫陽最後講的話：「我們在搞資本主義，但是搞的是專制主義控制下的市場經濟，這是一種壞的資本主義。」

對這話如果不理解，看看「兩個核心」能夠形成「兩個交通樞紐」，就理解了。

十五日

火車一日夜穿過蘇、皖、贛、湘、粵諸省。晚十時到廣州。晚點一小時五十分，苦了接車的人。乘務員，一個小姑娘問我：「有人接你們嗎？」「有。」「下車出站還有一段路，要到裡邊接才行。對方有手機嗎？」停車前，她發一個短信，我們走下車廂時，侄兒小寶和司機已在車廂門口。出站後，小寶說：「略停，略停！我發一個短信，向乘務員表示謝意。」

十六日

廣東省政協辦的《同舟共進》，一直是前省委書記任仲夷、吳南生支持，認真當顧問的。長期來，人們視之為南方的《紅旗》。品格又不同。近年又因故全換了班子。我打電話過去，對方說：「我們派車來接你。」我說：「不要接，我來拜訪。」

廣州人上班晚，驅車先去黃花崗，主要是想去看看林覺民那兒。他從容就義的《絕筆書》，是少年時叫我最感動的文章。有一年，在福州去他家，那庭院，那房舍，全都是文中描寫的情景。現在也不知是否拆遷了。黃花崗七十二烈士墓，本是狹窄的墓道，現在比二十年前來時擴大了十倍、百倍！成了「黃花崗公園」了，景物極佳！只是左側林覺民墓不見了。反覆打聽，說是併入大墓，叫他的亡靈也過集體生活去了，只在墓碑上找到他的名字。多少叫人感到失望。

拜訪《同舟共進》編輯部

小寶侄驅車送我們去雜誌編輯部。編輯部在政協大樓的第五層，和總編王家聲及諸位編輯坐談甚久，而後他們又在所謂「廣州第一家」設宴，邊吃邊談，前後談了三個多小時。涉及編輯思想、經營情況、具體處境等。雖都是初次見面，熱情而誠懇。

他們說明觀點，最好的例證是這一期刊出紀念耀邦同志的三篇文章，說明經過了怎樣的努力和周旋。「上邊（指中宣部）沒有找去談話」。談什麼？顯然是政出多門、政見不一。他們談到兩次赴京組稿的情況，總之是爭取把刊物辦出品位來。這期刊出我那篇《歷史的天空豁然開朗》。這還是很久前，給前屆同志的。《炎黃春秋》用過了，是否一稿兩投了？目的是宣傳。中央領導同志的文章，是一稿幾投呢！這篇文章，用蘇聯解密的檔案材料，說明史達林和共產國際的「右傾」，他們認為蔣介石是革命的中心，而陳獨秀是起而反對才被開除的。新華總社馮東書說：「這給中國一個乾乾淨淨的陳獨秀。」刊出的地方越多越好。

老總編蕭蔚彬下來了，整個編輯部改組了。但時代的潮流是改不了的。

十七日

老蕭在我心目中是個重要人物。他主持十多年的《同舟共進》雜誌是我心目中四十年代的《觀察》，而雜誌的品位就是總編的形象。

在廣州飯店和蕭同吃早茶，這是難得的促膝談心。我說：「吳江同志有《十年的路》，你主持這雜誌也十多年。十年所反映的內容，是當代歷史——思想史無可替代的材料。這些思想界的成果，是別的雜誌不可比擬的。《紅旗》現在叫《求是》，也不能比擬。它的一位負責同志說：我自己也不要看。你主編的這份雜誌，今後雖然會有人研究，但你是當事人，能回顧一下最好……」

他說：「是的，最好一樁事、一樁事來講。」

「這將是一本內容豐富的書。」我說。

老蕭有學養、有熱情、有人格！對我關懷很多。我寫《母親河的詠歎》，說黃河的不幸，他寫卷首語《感動黃河，感動中國》。我寫《大澤鄉紀行》涉及農民起義的評說：毛認為階級鬥爭是社會發展的動力，高度評價太平天國。馬克思則說太平天國是「妖魔」「災星」。有當權者認為我這樣的文章是離經叛道了，發出紅頭文件批評。蕭撰卷首語《馬克思說錯了嗎？》進行反詰。雖是不了了之，難免得罪了上峰。近年，又有審查過程中被撤下來的文章，他補上去的是馬克思談報刊檢查官的那篇文章。請偉大的導師馬克思來評理！難免又叫人惱火。這就是老蕭！任老（省委書記任仲夷）有對西方民主「三權分立」的肯定之論，碰到了高壓線，北京來了人。編輯部的班子全部換過！班子可以換，但「真理」不可能用「謬誤」換掉！

悼念任老

到穗第一天清晨，見《南方都市報》上有赫然大題：「任仲夷逝世」。他是一位改革開放的開拓者，正像報上說的：「他的影響不只在於他擔任過的領導職務，更重要的是在於他豐富而深刻的思想和令人尊敬的高尚人格。」當年給張志新平反，南來之後支持袁庚的改革，頂著逆流，打開新的局面。任老要後事一切從簡，只在家中設一靈堂。早茶後，蕭相約同去任老家，向他老人家獻上一束鮮花。

而後，同去白雲山。被稱為「大管家」的余大姐作陪同往。到山上吃「泉水豆花」，極為細嫩可口。山間有層層碑林，均為當代書法家作品。在山間午餐，蕭談到最近和任老的交談，說他有許多精闢的論斷，例如說，「穩定壓倒一切！最後可能是穩定也被壓倒了。」說，「黨早晚是要消亡的，我希望共產黨自己消滅共產黨。」初聽不太順耳，仔細想，任老想得深，反映他對黨的關懷和摯愛之情。

十八日　耀邦同志不朽

肚子不適應海鮮，何況一再高檔的宴請。上午瀉了三次，下午又吐，腰酸背痛。我知道最好的辦法是禁食，三頓沒吃。

晚間在電視中，看到中央舉行紀念耀邦同志的座談會。這是醞釀已久終於出臺的事，只能是說，比不開好得多。

無事可做。摘錄一點有關耀邦同志的材料。

《胡耀邦傳》（官方編纂的書）透露：一九八六年五月，小平約見耀邦同志說：「十三大，我、陳雲、先念全都下。你要下就半下。不再當總書記，再當一屆軍委主席，或國家主席。」當年八月二十二日，小平八十一歲生日，擺了幾桌酒席，又表示兩年後的十三大上全退。耀邦信以為真。對外說，「這是很好的帶頭，我期滿了也下。根本解決終身制問題。」不料，耀邦一講，小平態度嚴峻，王震發難：「你要不要權威，承認不承認小平是我們黨的最高權威！」小平說耀邦同志是「要樹他自己」。有人勸說「耀邦不是這樣的人」。

可是接著，耀邦的權力被削弱。而以不民主的「民主生活會」免去了他總書記的職務。總的罪名是「反自由化不力」。

顯然，「權」和「理」是兩回事，中央黨校杜光有《為自由化正名》的長篇論文。說自由化是對的，應該爭取政治自由化，經濟的自由化，思想的自由化。人間正道自由化！自由化是馬克思主義的綱領！發人深思。

耀邦憤然，不久去世。對他的不公成為「六四」的誘發因素。

又十多年過去，胡錦濤同志力排眾議要紀念耀邦同志。前天，蕭給我一期《亞洲週刊》，網上的材料。上邊有這樣描述：

「有些人提出，紀念胡耀邦，六四怎麼辦？」胡錦濤說：「先不談六四，你們對耀邦個人是什麼意見？」「我們沒有什麼接觸，沒有意見。」「既然沒有意見，那就應該搞。」針對「紫陽怎麼辦？」胡說「趙剛去世，可以放一放，以後再說。」

「小胡對大胡懷有知遇之恩。中國民眾也期盼小胡繼承其導師及恩師的遺志。」二胡「最終奏出民主改革的樂章」！當年處理傅豐禮案，多虧耀邦有詳細的批示。（《人民日報》據以改為短評，題為《要治治紅眼病》）問題始得解決。落實政策阻力好大呀！至此，傅海外的親友齊集香港，共同舉杯，祝小平健康長壽！耀邦是一個明智的人民的領袖，是一個正派的好人！

十九日　三訪太弟的工廠

住在小寶這兒，我是第三次到德太弟創辦的這個工廠來了。

上世紀八十年代，知識份子窮，分配是體腦倒掛。說「搞原子彈的，不如賣茶葉蛋的」。德太說：「叫苦有什麼用，應自己創業，適應市場經濟。」學院安排他搞三產。他立即南下，決心把自己研製的專利轉化為生產力。初到廣州，身為教授，當晚睡在路邊的房檐下。不久在深圳辦起個小廠。我第一次去看，各道工序都是他自己設計的。那一缸漿糊，也是他自己研製配方最宜脫脂的肥皂。生活艱苦，他的帳子，一頭繫在椅子的靠背上，是斜著的。可見生活的馬虎。九〇年代，工廠搬到了廣州，我第二次去看。深夜三點，在昏暗中，小寶還在染缸前用大棒攪拌著，叫人十分感動。這時他已北京師範大學畢業。我說他是改革開放時期的「插廠知青」。想到他的祖父經常說在嘴上的話「天將降大任於斯人也，必先勞其筋骨」等等。工廠雖小，同樣有供產銷，有技術管理、勞動管理、財務管理。「麻雀雖小，五臟俱全」。真是最好的學習場所！德太弟在去年因車禍去世，小寶早已接班了。

這第三次來，看到廠又搬了家，自己建了新的廠房和職工宿舍。對全廠職工，吃住全包，管理有序。一代比一代強！當然這支隊伍，是德太弟培養出來的。原來都是故鄉的農民，現在掌握了生產技術，有的成了管理人員，包括小寶在內。

我這次吃驚地發現，小寶洗臉也不用毛巾。承襲父親的地方，當然不僅在此。比父親穩健有序，開拓精神不知比父親如何。知識結構，或各有所長。

小寶侄問我：「我算個資本家嗎？」

「有這樣大一個廠，按傳統的理論和政策是資本家。但是，現在不是了……」

他說：「這個問題，你給我詳細講講。」

「現在叫『企業家』了。中心點是給『資本家』的『資本』兩個字平反了。十六大黨的報告中說得十分清楚了。」

「你具體說說。」

「黨的報告中說，『勞動創造財富、資本提供條件……各按貢獻進行分配。』認為『資本』和『勞動』同是生產要素。同樣參與合理合法的分配，不是剝削。你是大學生，學過馬克思《資本論》中的剩餘價值論。當時說『資本』是個壞東西，它的每個毛孔裡都流著血和骯髒的東西，萬惡之源呀！現在認定『資本』是好東西，要引資，引得多是成績。認為資本是生產要素，是勞動的條件，即創造了就業的機會。分配的總方針是八個字：『效益優先，兼顧公平』。什麼是效益？誰的效益？從『兼顧』二字可知，是加快資本積累，以擴大再生產……」

這是理論和政策翻天覆地的變化。看來，中國尚在資本的原始積累時期。

我看小寶十分辛苦。我們一覺醒來，到了午夜，他還不能回來睡覺。

「資本家」的形成，其智慧和艱辛並不簡單，德太弟即是一個例子。

弟弟生前，最掛心兩個孩子的婚姻問題，現在都圓滿地解決了。小寶新婚的妻子是一個醫學碩士。她仍在北京忙著自己的事業。認真端詳她的照片，我相信在任何地方都會認得她了。

二十日　如歸故鄉

八時坐大巴，九時半在深圳大學門口下車，即坐在站旁的草坪上，享受深圳和煦的陽光。可能因我對深圳有特殊的感情，想到了冰心不知在什麼地方用的一句話：「如登仙界，如歸故鄉。」國山同志準時來接。從這時開始，直到離開深圳，他作了周到的安排。

他家住前海花園，過去沒有這個地方，多是填海擴建的土地。國山夫人薛大姐安排的家常飯，極適合我這個腸胃不佳者的需要。親切自然，有賓至如歸之感。

下午休息，附近看看，無事可記。

袁庚先生不知健在否？當年在蛇口搞民主選舉，競選演說，好熱鬧。那是真的解決了「權力來源」問題，人民真的有了當家的意識。在旁邊的深大，校訓是「自治、自律、自強」，這「三自」的基礎是自由。自由形成了自尊、自愛。學生自主的精神是內地大學生所沒有的。勤工儉學的包幹勞動，培養了對學校的愛。勞動中學會了尊重別人的勞動。學校沒有圍牆，寬鬆卻秩序井然。出了問題，有「學生法庭」。仍然是學生管學生，比老師管得好。沒有以黨委書記為首的政工體系，黨在群眾（行政體系）中，反而有戰鬥力和先進性。

我在此應聘執教，實質上我是學生。迎面吹來的海風，使我恍然悟出，建國之後，我是被壓在玻璃板下，今始探出頭來，知道世間有一個「三度空間」。這使我對一本書，可以用《自我的回歸》作為序言題目。

現在許多老年人，有「兩頭真」的說法。即年輕時對舊社會有叛逆的真誠，晚年有反思往事，重新認識的真摯。我重新認識這個世界是在深圳大學受到了再教育。

現在深大也不知怎樣了。

二十一日　深圳一日遊

國山同志安排我們隨旅遊團作「深圳一日遊」。看了蓮花山、明斯克航母、大梅沙。這裡據稱是東方的夏威夷。沙頭角，過去叫「中英街」，現在應叫「中港街」了。終點是在「世界之窗」，有各國的景點。埃菲爾斯塔是二比一，日本天皇的居室是一比一建成。可惜一天奔波，到這兒太累了。老伴坐在園內的觀光車上，不想下來了。總算還是看了美加之間的大瀑布，和埃及的金字塔等非洲的風光。

深圳世界之窗

到蓮花山時，我問導遊：「上邊有什麼好看的？」「只有一個小平同志的銅像。」山也太高，我們就坐在山下的草坪上，享受初冬溫暖的陽光。此地空氣透明，有藍天白雲，處處綠草如茵。據稱已被聯合國評為最宜群眾居住的城市之一，不虛此言！寬廣的草坪上，有老人、有學步的孩子，歇息休閒。這是人間最美好的風景。有人和我們搭訕：「兩位已近八十，能同遊至此，不容易呀！」

二十二日　和一龍先生同游中山公園

和黃一龍同志不曾謀面，因為他有對「兩類矛盾」之說的評論，使我們有了神交。在廣州，蕭說：「你去深圳，應去看看他。」電話打過去，一龍先生說：「很巧，我也就住在這前海花園，我來看你。」說著就到了。

上世紀五十年代，毛提出「兩類矛盾」之說，認為要分清「敵我矛盾」和「人民內部矛盾」。當時田家英（毛的秘書）來作報告，說這是對國際共運的大貢獻呀！這就比史達林高了。史達林沒有分清兩類矛盾，把對敵鬥爭擴大化了，殺了太多的人。幾十年過去，從實際情況看，一龍先生認為此說粗暴地破壞了法治，是殘暴地進行專制統治的簡單化的方法。一旦劃分為敵我矛盾，即喪失了一切人權，可不由分說地予以歧視和迫害，孤立於群眾之外，喪失了做人的地位，沒有申辯的權利。這是「階級鬥爭為綱」一條最重要的政策觀點。至此，什麼具體分析，發展的觀點，是非的分辨，都給否定了。億萬人民遭到厄運！

一龍兄嫂相約同遊中山公園。北京、上海各地都有中山公園。深圳的有什麼特點嗎？從西門入。一龍兄說：「你看多大氣！」果然，草坪，林木，假山都有歸然的氣魄。是所謂「視角的衝擊力」吧。林間有些歷史人物的雕塑。據說中山先生的雕像是世界上最大的一個。抬頭瞻仰，一龍兄拍了一張照片，在中山先生面前四目相對，但人身大小過於懸殊，一龍先生笑了。相映成趣，恰到好處。可能是此行得到的最好的一張攝影作品了。

經過關天培座像處，這位在虎門之役為抗英而壯烈犧牲的民族英雄，身材魁梧，站起來當高於姚明。林則徐贈匾給他，上書「我不如你」。一龍先生說：「多麼真誠。」我說：「毛談到中山先生時說『我們不要苛求於前人。』實是說『你不如我』」。面對中山先生，叫人想到有人對他喊「萬歲」！他說：「這樣的話，我如何對得起那些為革命而犧牲的烈士！」李銳（毛的秘書）在文章中說：一九五一年的「五一」口號，最後有「毛主席萬歲！」是毛自己加上去的。一九七八年之後，北京的遊行隊伍中，有北大學生打出的「小平您好！」報刊為此炒作。說明社會還是有了進步，有了理性思考的一面。

一龍兄嫂在山上茶舍請吃茶，並在園中飯店午餐，午後三時始返。

同四川社科院研究院黃一龍先生

晚飯後，國山先生帶我們去蛇口的「海上世界」，還是那只大船。第一次來，船在水中，靠在岸邊；第二次來，船上了岸，是淤積的泥土包圍了它。這第三次來，近二十年之後了，船之南形成大片陸地，說明海灘在不斷向前延伸，真是滄海桑田，不以人的意志在發展變化著。

一直在燈影中漫步，不免想到許多往事。關於蛇口的，同樣是世事滄桑，歲月難再。

二十三日　往事如在昨天

今天國山兄安排兩個節目：參觀深圳大學和他們單位的文物收藏館。

車經「南油大廈」，心中一驚。這是一個和北方大慶相對稱的，最具實力的企業。女兒曾在此工作。一九八九年五月在這房子的大廳裡，在香港報上看到小平的一句話：「總是要流一點血的。」一大為驚訝。果然數日之後，北京槍聲響了，坦克出動了。香港的電視臺不斷播出的「危城告急」的節目，叫深圳人無法入睡。不僅死些人，政治逆轉，徹底否定了人民群眾的民主訴求，鞏固了專制體制。中國成了官僚經濟階層可以肆意掠奪的天堂。深圳蛇口一帶一度出現的陽光，被烏雲所遮蓋，倒退了。

深圳中山公園孫中山像

事後，一位報社總編說：「有一種新的商品，你知道嗎？」「什麼商品？」「批文。這一張紙值多少錢。你猜猜。」「我怎麼猜得出。」他說，「不下一百萬。」總之，從那之後，運用權力，利用了計劃價格和市場價格的差價，利用改制的機會，擺在明處地大發其財。可惜這些錢沒形成為「資本」，而是像馬寅初先生分析的舊中國的一種「官僚資本」（三座大山之一）；而是揮霍，拿到國外去買別墅和莊園，存在外國銀行或豪賭……

典型的事，是所謂「蛇口風波」。當時，作為價值取向衝突，而震動了國內外，深圳的青年對一些北邊來的導師──曲嘯等進行反詰。「我們都是你們批判的淘金者。我們灑下汗水，得到報酬，建設了特區，有什麼不對？」「你強調『安貧樂道』，貧有什麼光榮呢！」「六四」之後，輿論急轉彎。《人民日報》以整版進行批評，重新強調「突出政治」「毫不利己」之必要。

近二十年，深圳的大發展，是靠的什麼觀念？《人民日報》再一次給自己寫下不光彩的一頁。如同一九五八年的畝產幾十萬斤，白紙寫黑字，很尷尬！幾十年間，《人民日報》說了多少謊，做了多少錯事？從不認錯，從無自我批評。去年，在人民日報社，我在飯桌上問：「什麼時候《人民日報》可以成為經受市場考驗，群眾喜聞樂見，群眾花錢買著看的報紙呢？」一位當眾立即回答：「永遠沒有這個時候！」這張報紙現在的百分之九十五以上是公費訂的。是公家花錢辦，公家花錢買。

深大，大多了，不知大多少倍了。但建了圍牆，中國惟一沒有圍牆的大學消失了。這很有象徵意義。其實，能夠做到不要圍牆，自由、寬鬆、和諧，卻是真的安全的。國外這樣的學校並不少。

校門前鐫刻的「自治、自律、自強」的校訓仍在。「腳踏實地」的圖案和日晷仍在。校園南部池塘中有一個棧道。對比之下，大不一樣了。樹高了，茂密得遮住了所有的樓房，人老了……只有池塘裡徘徊的天光雲影，依然是朝朝暮暮……

晚上國山兄堅持要陪我們去看看「紅松林」。他引為深圳的驕傲。這裡是數十里濱海大道，專為遊人而建，為萬里而來的候鳥營造一個棲息之地。為了它們的安靜，還做了隔音牆。這是人和鳥共處的示範區了。

孩子們的姨姐小紅，表兄小穎，前來一聚，他們在此打工和執教多年，幹的不錯。天已甚晚，一定約我們到豪華的「王府酒家」，熱情之極。他們就是曲嘯所批評的淘金者，實是深圳的建設者，深圳就是靠這些年輕人發展起來的。

二十四日　深圳懷念巴老

國山兄收藏一些報紙，上月十八日《特區報》和《商報》，都有紀念巴金的專版。一版整版是巴老的照片、專文。二十四日，《特區報》意猶未盡，又出版了專刊，以三四個版面，送別巴金。通欄大題目是：《我們眼裡滿含淚水》，專論題為《真話永存》。巴金和深圳有什麼特殊的關係嗎？沒有！如果說二十年前深圳是「文化沙漠」，現在政治品位、文化品位居於全國的前列了。國家領導人去世，怕只能是官樣文章，版面上不會有如此的感情色彩。

巴金十月十七日在上海去世，享年一〇一歲。概括其一生，青年時是封建的叛逆者，晚年是「文革」的反思者。近三十年，「說真話」是他最具影響力和感染力的警語。

一個雜誌的大標題是《巴金，一個文化老人的中國存在》。從內容可見遭遇和心態的沈重。呼籲建「文革博物館」，未能如願。原因何在？是不願和「文革」真誠地告別。有些政治理念和體制還有用，不願失去既得利益。

從道理上講，群眾搞，不便說什麼。汕頭彭啟安老市長積極策劃，香港的大亨李嘉誠也出了錢。新建的「文革博物館」不是一幢房子，而是一個園區呀！在廣州時，蕭說那兒熟人多，可以陪我去看看。因身體不適，而深圳又必到，所以沒有去。可惜！廣州的余大姐就是那兒人，她談及「文革」之亂，夜間槍聲大作，仍感驚心動魄。海澄縣在文革中死四百多人，都是打死的。啟安市長說：「碑文最難寫，當時不敢寫『打死』、『活埋』，只能說『遇難』……」但是，有一個道理是顛撲不破的：欲蓋彌彰！巴老為什麼最關心這個問題？

乘下午五時的火車去泰州。國山兄積極，吃了中飯即出發，說是送我們到羅湖橋頭一帶看看。當年這是中國的南大門，如今面目一新，以一個大的火車站塞滿了羅湖橋頭的寬闊的街衢。旅客方便了，但是國門的氣勢沒有了。過於擁擠。國山兄說：「這些店多假貨，那邊沒有假的，發現假的，他們吃不消。」奇怪，前天去沙頭角，導遊反覆講，那邊不可買呀，都是假的。把顧客儘量引導到東邊自己一方的店裡來。導向是經濟、政治利益的驅動。

國山兄有臨別贈言：「你也不要太憂國憂民，經濟只要發展下去，政治格局肯定也要變化的。」但願如此。但人治問題不解決，什麼事都會發生的。

由於「人治」，通向泰州這次車，車廂特別好。只是人太少，不少空著。有人的車廂人也不及三分之一。到下車時，我們這節車只有五六個人。交通安排，不管人流、物流，真是乘務員說的「政治車」了。

二十五日

不知為什麼，火車不經南京，否則不僅人會多些，路會近些，也可早點到泰州。現在轉到北邊的蚌埠去，多走四百公里，至泰州已是晚上十時。當地的的哥和大巴鬧矛盾，大巴不開了，讓利。我們只好打的回南通，多花三百元。午夜十二時始達。街上買不到吃的東西了，請的哥在家中吃頓便飯。的哥很高興，說「交了一個朋友」，留下地址、電話。說「後會有期」。這次探親、訪友和旅遊三結合的南方之行，至此結束。

二〇〇五年十二月

初夏在青島

二〇〇九年六月十五－六月二十一

青島是避暑的好地方，所以夏天熱鬧，各地貴賓，蜂擁而至；冬天是靜穆的，安詳的，寧靜的。那天，走到在青島的「老舍故居」門前，門封著，裡邊在裝修。想到當年他在青島大學，筆下即是歌頌青島的冬天：「夏天是有錢、有閒人的娛樂場所，冬天把山海之美交給我們久住青島的人。」「能在青島住一冬的，就有了修仙的資格。」

這趟去，正是夏日到來，我們不是去避暑，卻也受到青島人的熱情歡迎。在美術館那精緻典雅的院子裡小坐，一隻小鳥飛來，落到對面的椅子背上。我伸過手去，它跳到桌子上，而後跳到我的手背上，最後跳到肩上……同行的郁溪先生動作快，拍下這系列的鏡頭。青島鳥兒也是友善的，叫我們感動。

幾十年前，就對青島有著好的印象。從小就聽老師講「碧水青山，紅瓦綠樹，是中國最美的城市。是德國人在那兒搞的。」二十多歲時，在北京上大學，得知周總理講「蓋房子要學八大關」。八大關就在青島，是八條街。以山海關、居庸關、嘉峪關等八關命名。房屋設計各不同，體現生活的多彩，都展示獨特的個性。

這趟，不止一次去了那兒，看到一些街頭有來自各地的新娘在拍婚紗照。是覺得在此留影，如同到了歐洲了吧！有一點不理解，為什麼在幾個地方都看到新娘坐到牆頭上去？是表現新娘的天真、浪漫、瀟灑，這樣才更可愛嗎？這真是和中國傳統的坐轎、入洞房、揭蓋頭大異其趣了，這「真是搞西方那一套」了。

當地人告知，熱天一到，這一帶即會變為禁區，因為大人物到了。對此，青島人也是習慣了。政要會集，難免有許多故事。不能忘懷的是：一位做空軍導航工作的高級技術人員傅豐禮先生，在此拍照受阻，運動中構成「特嫌」的一個疑據。又因女友有海外關係（叔父早年去新加坡，不曾見過面）不聽組織勸告結婚，下放西北勞動。後申請復員回鄉，失業多年，經耀邦同志批示始落實政策，才成為正式職工。我因經手處理這一案件，對「八大關」也就有了特殊的關注。

這趟走過，看到的是綠草如茵，花團錦簇，綠蔭蔽日，多麼美好的去處！

一夜長途（臥鋪汽車），六月十五日凌晨到達青島。車站靜悄悄。禹軒老夫婦來接我們，沒想到的是「仲甫先生」（邵宏來先生飾陳獨秀）首先出現了。他們起個大早，相約而來，令人感動。過去不曾謀面，是因以不同的形式為重樹仲甫先生做了點工作吧，難免有了感情的聯繫。禹軒老是詩人，總是以詩記事、抒懷，近有臺灣之行，即收到他二十多首旅台詩抄。這趟我們來，他熱情作了全程的安排。

安排我們住在龍江路濱海人家，真好。步行三五分鐘就到了海濱，我們應該看到的景點也都在這附近。這是百年前德國人登陸，重點建設的地方，留下太多「西方那一套」的痕跡。

當晚即去拜望「仲甫先生」。

他家住著大樓中的一套房子。進入他家，如同到了一個美術的展廳。夫人王剛是畫家。站到她的大幅工筆畫前，不免令人肅然起敬。由於邵先生也曾飾李宗仁，可以看到他和飾國共高層人物演員的合影，栩栩如生，以假亂真。確給人以歷史的滄桑沈重之感！對歷史當然邵先生瞭解得多，起碼他給我們談了《血戰台兒莊》、《開天闢地》等影片的遭遇和體會。我想通過他瞭解對仲甫先生性格的塑造有哪些最動情之處，他說了一個細節——

仲甫先生創辦的《新青年》是時代的號角。他被捕時，一個警員打他耳光，說：「叫你嚐嚐我這個新青年的味道！」仲甫先生回敬了更重的耳光，說：「請你嚐嚐我老青年的味道！」真有這個細節嗎？邵說：「是我生發出來的。」

這確符合陳的性格。魯迅筆下的革命者夏瑜對打他的獄卒，只說了兩個字：「可憐！」

陳獨秀的性格是剛烈的。

次日上午，禹軒老約集諸友一聚，說「免得你跑」。劉老的房舍，被稱之為「禹軒」，中有《禹軒銘》。銘中有「談笑有鴻儒，往來無達官」之句。末句為：「陶令云：心遠地自偏。」顯

老舍故居

示主人的風格。

到場有王虎成（飾陶鑄）、邵宏來等劇人，政論家柳士同先生、物理學家譚天榮教授、李潔先生（文史學者，報社副主編）、王沛東（電臺台長，轉而為企業家）、吳勝泰先生等。

大多初次見面，不少神交久矣！此聚有一些戲劇性呢！

多年前，李潔先生在仲甫先生的感召之下，到達北京箭杆胡同二十號。多年之後，我亦到了那兒，並在仲甫先生房東的手上，看到了李潔的《百年獨語》。因為時間匆匆，只看五分鐘，發現他從「故址」到「故人」、到「故事」的構思，自然而親切。自己也寫了《瞻仰那一個老屋》，呼籲仲甫先生歸來。只是茫茫人海，不知李潔在哪兒，還從姓名，文筆的清新，誤認為是一女性作家。如此多年過去，不料李和王沛東先生今年初驅車來通，光臨寒舍，贈之以佳作，豈不是喜出望外。今日一聚，又有「仲甫先生」在場，是更為難得、有趣的了。

青島大學物理學教授譚天榮先生到場，這是有幸的不期而遇。因為剛從網上看到他的兩篇著作，居然很快看到他的尊容。聽說五十年前他即對「偉大列寧」有貶語，因此嚐到專政的鐵拳。後來的實踐證明列寧沒有經得起檢驗，說明他的睿智。生活就是這樣，「思想產生苦難」，譚長期陷於縲絏中。現在當然平反了，是一位大學教授了。

想對譚這位雙棲於自然科學和人文思考的思想者多一點瞭解，登門拜訪。他住學校公寓的一中套，孑然一身，又忙於教研，家裡凌亂不堪。注意營養，把各種蔬菜和在一起煮煮，不費烹調的功夫了。他在人前，不主動講話，讓別人先講，叫人誤為性格內向。在其家中小坐，言及所思考的問題，是條分縷析，如小河流水滔滔不絕了。作為雙棲者，顯然有思想方法上的優勢，所以思考問題是縝密而獨到。這是一般人難以學到的。

我所得到的一個重要啟發是，現在麻煩的不是謝韜等人提出民主社會主義，不是馬洪要搞二次文革，否定改革，重新樹毛……都不是。他認為麻煩在於嚴肅認真地研究馬克思主義。「苦難又產生思想」，聽說他是國家級的人物，當年即是欽定的。沒有想到現在還這樣年輕而健康。真好！

一再有飯局，我請「仲甫先生」朗讀一段他感到最精彩的臺詞。他謙虛推託，終於還是講了仲甫先生的名言：

「出了研究室，就進監獄，出了監獄，就進研究室。這是產生思想的地方，這才是人世間最幸福、最美好的生活。」（大意）

他可能是看到譚先生在座，有感而發吧。

仲甫先生說：「法律保障已有的文明，言論自由創造新的文明。專制主義者最怕言論自由，他們需要的是權力。」而先進的文明是對權力的限制，如分權制衡。

郝稼先生（禹軒先生筆名）有《生死路詩抄》一書，是以詩的形式記錄了漫長歷史中坎坷的心路歷程。其中有《毛詩新和》三十餘首。因毛當年有帝王之尊，這些詩也就特別引起人們的關注。他應約朗讀其中一首《和「長征」》。說：「苦不苦，想想長征二萬五。」這也算是一種憶苦思甜吧（實是思甜憶苦）。

「盛宴不怕報銷難，海味山珍只等閒。
白斬鴛鴦油作浪，紅燒鸚鵡肉為丸。
茅臺下肚心頭暖，冰啤入喉腹內寒。
更喜女郎肌勝雪，三陪過後盡開顏。」

和毛詩《長征》，一個是戰地風光，一個是權貴風情。每句的最後是同一個字。工整、形象、生動、直白。世風如此，怎不令人感慨！又有什麼辦法？

住地附近有「迎賓館」，一看才知道這是當年德國總督的官邸。其建築設計豪華而牢固。時至今日，仍是建築群中的亮點。導遊介紹：這位總督只住了四天不得不回國了。他因過於破費而受到彈劾，這又是西方的那一套。雖身居萬里之外，也不能不受到監督。導遊說：房子建成，前人栽樹，後人乘涼。一九四〇年，汪精衛投降日寇，就是在這個房子裡演出了可恥的一幕。一九五七年，毛澤東也是在這個房子裡發動「反右」，把五十五萬（亦說不止此數，檔案證明應該乘六）知識份子「以言定罪」，投入苦海。自此社會萬馬齊喑，逆向淘汰。正如仲甫先生晚年悲愴地說：「善非惡之敵！」這個社會是好人鬥不過壞人呀！

這個房子金碧輝煌，美輪美奐，庭院亦極精美。只是國家的內憂外患在這兒留下太多沈重的話題。

六月十七日，李潔先生親自駕車，送我們沿海濱看青島的風光和一些景點。他是不停地解說，真是「青島通」！意外地看到了「康有為故居」。當年戊戌變法失敗，他躲避慈禧的屠刀，倉皇出逃。不知何日又歸來，還住上這高檔的豪宅。今日的流亡者，還有回來的一日嗎？李潔先生有文章，詳談「公車上書」始末和康有為其人。其身後事叫人驚訝。「文革」時康的墓被掘，居然展出其頭顱，說明文是：中國最大的保皇派康有為的狗頭！他的遺骨還被遊街示眾。

這哪裡是個別事件！孔子的墓被掘，墓碑被砸碎；張謇的墓被掘；瞿秋白的墓也被掘。現在，這些人又似成了民族的聖哲。

無疑，康有為是民族政治品格的制高點。文天祥的《正氣歌》寫得太早了，只提到「在齊太史簡」等等。如在晚清，他一定會有「在清公車書」之句。在國運沈淪之時，他說：「百病叢積，皆由體制之故。」呼籲政治改革，否則中國沒有救了。他奮不顧身，率眾上書皇帝，第一條就是叫皇帝下「罪己詔」，險些和譚嗣同一樣，獻出頭顱。

戊戌政變不成，影響是深遠的。那一次是爭取「君主立憲」。百年後的今天，爭取的是「黨主立憲」，有「何時憲政大開張」的呼聲，仍非易事。

康梁之事，後人哀之，仍不鑒之；民族的演進，仍是專制的文化傳統。這是民族的素質所決定的，奈何！

一九八五年十月十七日，這個日子李潔先生記得好清楚。青島那一天又為康有為重新安葬。李潔說：「不大的有機玻璃棺裡，盛放著他失而復得的遺顱。作為記者，我隨其家屬在墓上添了土，獻上了一枝花。」

故居中，有徐悲鴻先生為康有為畫的巨幅像。站在一側留影，作為紀念。

去年，青島是奧運會的分會場。帆船比賽在此進行。所以，到今天街頭的公交車上還多是寫著「one world，one dream」這些大字。譯成中文是「同一個世界，同一個夢」。這當然是突出了人世間人們共同的理想和追求，即所謂存在「普世價值」。奧運過去了，有人否定世間有共同的價值取向。陳奎元先生（社科院院長）有大文章發表在《人民日報》。認為人是劃分為階級的呀！資本主義和社會主義怎麼會有共同的理想！理論探討立即上升到政治層面，公開反對三權分立、分權制衡。吳邦國在大會上說：「我們不搞西方那一套！」

這個問題，實在也不可多想。陳獨秀晚年就講「沒有資產階級民主這個東西」呀。「誰反對所謂資產階級民主，就是要搞法西斯了。」

此語令人怵然！今天會是這樣嗎？

康有為故居

不知明天的中國會走向何方。我把青島的公交車拍一張照片，讓它定格於此，上邊的大字是明天的參照。

宏來先生長於隸書，郁溪也寫了隸書一幅，換取了他的墨寶。郁溪寫了美國前國務卿鮑威爾的座右銘：

「急事慢慢地說，大事想好再說；小事幽默地說，沒把握的事小心地說；不知道的事，不亂說；沒有發生的事，不胡說；別人的事謹慎地說；傷人的事堅決不說；自己的事該怎麼說就怎麼說；今天的事做了再說；未來的事未來再說。」

一個美籍華人曾買了他的這幅字帶到美國去，如鮑威爾看到中國的書法藝術不知作何感想？他可能感到驚奇：我的話變成這個樣子！但其思想內容，這些修身養性之道，東方西方還是相通的，並無「姓資」「姓社」之別。

十七日上午，宏來先生、禹軒兄嫂諸位陪同我們遊嶗山，楊楓老也專程從萊州來此一聚。我們主要是看依山面海的太清寺和沿海一帶的風光。王沛東先生和李潔驅車而來，在青島最北部的漁村享之以海鮮（各種魚都是剛從海裡打上來的），很有特色。可謂——「漁家樂」，盛情可感。

在青島去看望了德成弟。多年不見，家事有喜有憂。經濟條

青島嶗山

件大好了，兩個孩子都有了汽車。相聚兩三小時，子孫都到了。話題談到「家史」——我盡所知，談到「我們從何處來」？告別時，侄孫女丁楠即播放了這次團聚的全部錄影。真是先進。

旅店老闆是禹軒先生的晚輩朱洪。他不斷送點新鮮的水果過來，介紹一個「劈柴院」，駕車送我們前往。這是一個彙集各地小吃的幾個小巷，裝點有民族的典雅風格，還有一個戲臺，不斷做著節目。我們選了一個濰坊的「朝天鍋」嚐嚐，類似河南滎陽的油茶，還有包著各種菜蔬的煎餅，都很可口，覺得比一些盛宴更適宜。

二十日下午，本想去回訪沛東先生，感謝他的一再關懷。他從台長位置上下來，從商，以其人脈和智商理所當然有些成就。感情上仍關愛文友，是雙棲於文化和商賈兩界吧。

李潔駕車而來，又安排在一僻靜的小店一聚，吃海鮮涮羊肉。他說：「鮮字怎麼寫？不就是魚和羊嗎？」其實也是想多談談。這位「青島通」系統講了青島的沿革。從「一戰」到「二戰」，從德國人到日本人，從蔣政權到毛政權……他有《文武北洋》一書，概述內容，給我提供了許多新的知識。如我說：「維辛斯基到中國建黨，早期中共都是用他們的錢，蘇聯是革命輸出。」他說：「否！首先是維護他們國家的利益，為了找代理人。首先是找吳佩孚，而後是馮玉祥，再後來是蔣介石……」是的，陳獨秀就是在如何對待蔣介石的問題上，和史達林搞崩了。李潔即再去俄羅斯，總是隨身帶著筆記本電腦。其攝取知識和訊息的能力是老年人所遠遠不及的。

離開青島的下一站是臨沂，沛東先生說：「李潔說駕車送你們去，我也可以派人送你們去。」聽說有火車直達，何勞他們遠送呢？在旅店結帳，朱老闆說：「禹軒先生說不可收。他早已給過了！」這太不好意思。和劉老談此事，他風趣地說：「此事不好再談了，再談即傷害了中國人民的感情。」這是我們最近在外交上泛用的一句話。

禹軒老還贈詩一首：

迎送丁老

北海南江若比鄰，接風餞別見真情。
宮牆糞土何堪汙，巷議芻蕘信必遵。
賴有鐵肩擔大義，寧無妙手著宏文。
健康長壽杯頻舉，珍重為民非為身。

劉禹軒

二〇〇九年六月二十日於青島

二〇〇九年六月

從曲阜到鄒縣

——溫故知新話孔孟

二〇〇六年八月，和老伴有山東之行。這是一次「探親之旅」。先到臨沂，看望德潛弟。他是一位地理學家，全程陪同我們，同去沂水遊覽地下大峽谷，作水上漂流，極為興奮。而後同去曲阜看望德真妹。她們全家陪同南去鄒縣（現改稱鄒城市），瞻仰孟子的遺址。而後去博山，德孚弟用車到高速路出口處接，遊覽了蒲松齡故居、焦裕祿故居、山間湖區，一齊去濟南。德全弟一家，對我們的到來，如同節日氣氛，同遊趵突泉、大明湖。至此，德生、德潛、德孚、德全四個兄弟團聚。他們的嫂子湊趣，每人給買一件T恤衫，色調款式一樣。合影以示團結友好之意。多一件，本計劃給青島的德成弟的。實在跑累了，青島未能去成。這是我的第二次的「探親之旅」。第一次是前年，去了宿縣、徐州、商丘、鄭州、西安、北京。一路之上也是親情融融！一言難盡。我們的家族好興旺！堂兄弟姐妹四十七人，分佈在全國、全世界各地。有《兄弟姐妹通訊錄》這個小家譜為證。

說家族之內的團結和諧，是社會和諧的基礎，這不能說是唱高調吧。

孔子的一個口號

在曲阜走下汽車，孔子的一句話撲面而來：「有朋自遠方來，不亦樂乎！」這以愛心擁抱世人的語言是叫人感到溫暖的。中國是個突出政治的口號大國。從天安門城樓，到邊疆的村寨，到處寫著口號。這些年少了一些，都是政治動員、政策要求、上級指示。有的好嚴厲呀，如「依法禁止越級上訪」。建設和諧社會，這樣的口號應該清理，快快擦掉才好。

孔子的這句話，體現了好客熱情的「仁人」之心。「仁」是孔孟之道的核心。孫中山先生也提倡「博愛」。不知是繼承民族的先賢，還是從法國學來的，還是兼而有之。

馬克思與孔子同命運

妹婿孔繁歧是孔子的七十四代孫，曲阜大學教授。我請教：「過去批孔，時間很長，聲勢浩大，為什麼批而不倒！現在又尊孔起來？」他說：「是的，現在全世界有九十個國家成立了孔子學院，我們學校也正在申請以孔子命名。現在孔子還有其複雜性。」「複雜在哪裡？」「有原本的真孔子，有被利用、篡改、扭曲的孔子，現在要剝離被篡改的東西，恢復其本來的面目。」

這話使我吃了一驚：「和馬克思的遭遇何其相似！」孔子居於人類古代十大思想家之首，而馬克思在二十世紀被西方選為「世紀第一學人」。面對他們，人類面臨同一辨析真偽的課題。這種歷史現象很有趣。帶有規律性嗎？

孔子的「六藝」和「有教無類」

看新建的「六藝館」大開眼界。「六藝」者，禮、樂、射、御、書、數，是孔子教學的內容，「德、智、體、美」同在其中了。而重在素質的陶冶，展館有現代科技的含量。進入黑糊糊的時間隧道，漫遊了孔子當年周遊的列國，春秋時代的自然景觀，社會畫面，展現在眼前，難得一見。

我們進入孔子教學的課堂。他正在講學。沒有課桌，沒有黑板，子弟或站、或席地而坐，濟濟一堂。一部《論語》就是孔子和弟子們在課上對答的記錄。他有啟發式的實踐。他「有教無類，因材施教」的方針，今天應作個大標語，豎在學校院內。這一方針體現教育資源分享的平等意識，和從實際出發的科學態度。我們近些年掀起「教育產業化」的浪潮，不應為「忘祖」而感到慚愧嗎？

兩個標點的改動

過去在批孔中，抓住了孔子的把柄。他說：「民可使由之，不可使知之。」你看，他和人民群眾是根本對立的。我和繁歧老弟研究，當時沒有標點符號。這個東西是二千年之後，到「五四運動」時，陳獨秀、胡适才搞的。他們倆開始給《紅樓夢》等歷史名著作標點的具體工作。如果把孔子的這兩句話，重新點一下，意思完全翻過來了：「民可，使由之；不可，使知之。」人民認可，就這樣去幹；不認可，也應讓他們瞭解情況，說明人民應享有「決定權」和「知情權」。

孔子的思想有這樣先進嗎？比較起來，作這樣的理解，似比原來從反面理解有更多的根據。打開《論語》你會發現，孔子尊重群眾，關心群眾的意思處處都是。如他說，「尊用而愛人，使民以時。」「為人謀而不忠乎」等等。特別講了孔子的一個故事：「廄焚，子曰：傷人乎？不問馬。」出了事故，他關心的首先是人！

「魯壁」的警世作用

孔府分為前後兩部分，中間只能一人通過。就在這個地方，有巨大石碑，上書「魯壁」兩字。是秦始皇焚書坑儒時，孔子的六世孫，把儒家的著作藏於此壁內，始得以保存下來。特別塗上耀眼的紅漆，遊人爭相在此留影。

秦嬴統一六國有功。但因其殘暴，二世而亡。郭沫若在《十批判書》中有所記。毛澤東以秦始皇自比，撰詩批評郭沫若，為秦嬴辯解：

勸君少罵秦始皇，焚坑事件要商量。
祖龍魂死業猶在，孔子名高實秕糠。
百代多行秦政法，《十批》不是好文章。
熟讀唐人《封建論》，莫從子厚返文王。

【注】

柳宗元的《封建論》，論證秦朝郡縣制的必然性和優越性。郭老立即檢討，稱「主席英明」。有人訕笑郭老。他有什麼辦法？正如史家稱，文人面對君主，「達」則人格喪盡，「窮」則難以自保。屈原面對楚懷王，陳佈雷面對蔣介石，田家英面對毛澤東，不都是走了同樣的黃泉之路！

「文革」時，三孔（孔府、孔廟、孔林）受到嚴重破壞。孔子的墓碑被推倒打碎，現在拼接起來，留著許多裂痕。上書「大成至聖文宣王孔子之墓」。

古代的「荀孟之爭」

繁歧的女婿荀虎驅車送大家去鄒縣。我問：「你是荀子的後代嗎？第幾代了？」他說：「這都說不清楚。」荀氏家門當然是肯定的。他的小孩在孟府的葡萄棚下做一個節目，背誦了《三字經》，滾瓜爛熟，一背到底。「誰教的呀？」「幼稚園老師」。

「人之初，性本善。」果真如此嗎？孟子說「儒子將入於井」，誰不去抱他呢？「是非之心，人皆有之」。荀子說：不然，「有欲必有私，有私必有爭」。人的自然屬性和禽獸無異，或是更差一些。恩格斯說：「人永遠不能擺脫獸性。」人的聰明處在於以道德和法律自律。所以，現在用得多的話，「絕對的權力，造成絕對的腐敗」。

春秋時代的「荀孟之爭」，是百家爭鳴自由論辯的一例。

孟子達到的高度

在孟府的一個展廳裡，看到孟子的許多精彩的語錄，一再令人驚歎。《孟子》一書，以雄辯的氣勢，對孔子多所發展。特別使人注目的，他居然說出這樣驚人的話來：「民為貴，社稷次之，君為輕。」孟子是孔子孫子的學生。那時，秦始皇的專制一統還沒形成，到後來專制主義形成後，特別是到了喊「萬歲」、「萬壽無疆」的時候，你說「君為輕」，你有幾個腦袋呀！

當今之世，國際政治文化理念，仍然是「人權」（民為貴）和主權（社稷）何者為重的矛盾衝突。以維護人權為名，歐盟各國，加上美國、加拿大也派飛機出征並引以為榮，發動「科索沃」之役。我們以維護主權為名，對此宣傳以「野蠻轟炸」一詞開始，最後聯合國投票處理南聯盟，只有一家投了棄權票，那就是中國。米洛塞維奇終於被推向國際法庭，最後死在國際法庭的監牢裡。

「科索沃之戰」前所未有，沒有陸軍參加，沒有領土要求。為「人權」進行懲罰性的一次轟炸。

孟子所說的「君為輕」，即今天所說的公民意識和公僕意識。在西安秦俑館門前，一個小學生向克林頓致意，說：「你是總統，領導著全美國的人民。」人們萬萬沒有想到，克林頓回答：「你說錯了，是全國人民領導我。」

國家和整個世界都在發展，我們也已在一些「人權」宣言上簽了字。

二千多年前，孟子即如此完整而鮮明地提出了今天普世的政治原則。這是必然發展的方向。

偉哉，孟軻先生！。

孟府感恩堂

豫皖紀行

嚴冬已至，氣象預報不斷有陣陣寒潮南來。和老伴還是有豫皖之行，省親、訪友和旅遊。時在二〇〇八年十一月二十六日至十二月八日。在此略有所記。

一

皖北的宿州為地級市，故鄉蕭縣是它的一個下屬縣，縣之南三里的梅村，是老家的村子。

德玉弟從宿州一中副校長的位子上離休已多年，當年入朝，是那次戰爭的倖存者。為我們去，他邀請諸友一聚。一位大學校長，三位中學校長，一位語文老師，一位歷史老師等，都稱是多年間我所編寫的那些小冊子的熱情讀者，心儀久矣！德玉弟又是書畫協會的會長。協會是當地一些文化人的歡聚之所。言談所及，對當地情況，甚至時代脈搏增加了知識和交流。到宿州也算是到了家鄉了。劉長遠老弟長期是梅村的居民。德玉弟從朝鮮歸來長期是梅村中學的負責人之一。其他諸君也是鄉音、鄉情濃濃。「少小離家老大回」，最關心的是蕭縣梅村的滄桑變遷。

大家東拉西扯對蕭縣的歷史形成粗略概念。想到費孝通先生當年有《江村調查》，向世界打開了中國農村的一扇窗。建國已五六十年，宜可有一篇《梅村紀事》，作為農村的縱斷面，不也是中國農村的一扇窗嗎？

大家講得具體——

一、一九三八年日寇來襲，為報台兒莊戰役之仇。蕭縣又組織抵抗。破城之後日寇燒殺數日，特別是東鄉牛眠村的居民全部被殺光了。梅村的鄉親一時全部南逃。

二、抗日戰爭幾年，年景尚好，還可吃飽，但形成日偽、國、共三方共存的複雜的政治格局。梅村在拉鋸地區，故事許多。

三、建國後，左禍日益嚴重，批鬥、抄家、毆打、殘酷鬥爭。家族長輩中的作麟叔跳河而亡，作義叔嚇壞了，上吊自殺。作肅叔投了井，都說他是村上最有學問的人。幼年時留下印象，他講老莊，什麼「道可道非常道」玄而又玄。文革中認為「知識越多越反動」。有知識的人都被打倒了，他投井，把衣服全留存井邊，說「赤條條來，赤條條去……」知識份子出身於地富人家。這個村子地多的六十畝，少的二十畝左右。

四、鄉人印象最深的是「大躍進」的浮誇風、高徵購，餓死人太多。我家就死了五口，德玉弟一一道來。特點是一時全村寂然，全國也寂然，傳媒若無其事。他說：「其實倉裡不是沒有糧食，我就掌管著一個倉庫的鑰匙，當時開倉的一閃念也沒有，開倉沒可能。」德玉說：最近有驚世駭俗的著作，楊繼繩的《墓碑》，反映這二十世紀人類最大慘劇之一。

五、梅村和全國農村一樣，經歷了一大二公的過程，經歷了辦食堂、走向公社化的過程，特點是掌握運動的黨支書代代世襲。「革命不是請客吃飯」，千年積澱的民族文化和法紀蕩然無存。毛澤東時代（一九四九—一九七六）留下來的是貧困和愚昧。

六、改革開放之後，人口流動成為可能。年輕的外出打工，走向四方。近些年又有村民的選舉，村子裡世襲的「董氏王朝」終於告一段落。城市擴建，民居多建了樓房，原來的梅村漸漸從歷史上消失了。

怎樣留下梅村半個多世紀的歷史呢？

「忘記過去吧！」但忘記過去是正確的嗎？

二

宿州之西三十公里處的「雙堆集」是淮海戰役的主戰場之一。那場戰役是人類戰爭史上最壯烈的戰役之一。前去瞻仰古戰場，同行有德玉弟，長運老弟和劇作家黃孝義先生。

六十多年過去了，沒有一點戰爭的遺跡了。放眼四野，是無際的綠色的田疇，麥苗茁壯，戰士們的白骨早轉入地下。有一個烈士陵園，巨大而整潔，一時陽光燦然，靜悄悄。展廳的門鎖著，許久才找到守門人，他解釋，「許久沒人來了」。園內有紀念碑巋然，碑座上有數千烈士的名字，當然犧牲的大多是無名烈士了。雙堆集之役殲敵十萬。我們犧牲多少？沒有公佈。李存敬同志（老年大學副校長）曾給我詳講整個戰役的運動過程（他是參與者）。說：「史達林在日記上寫著：「六十萬打敗了八十萬。」淮海戰役殲敵五十五萬五千人，小平同志講，「勝利是農民用小車推出來的。」當時有二十五萬農民車輪滾滾送公糧。

農民的積極性源於土改，即爭取和保衛「耕者有其田」。但，後來這個願望落空了。

雙堆集之役活捉了黃維。黃維是高級戰俘中最頑固的一個。在後來多年的改造中，對蔣尊稱「委員長」，始終不改口。謝韜老是高級戰俘們的老師，在獄中相處多年，對一個個知之甚詳。

可憐黃維部的那些戰士，不久前還是血戰沙場的衛國抗日英雄，和我方戰士一樣，都是勞動人民的兒子。歷史是這樣的無情。

孝義兄朗讀《弔古戰場文》中的名句，而我所記得的是：「誰無兄弟？如足如手。誰無夫婦？如賓如友。生也何恩？殺之何咎？其存其歿，家莫聞知。人或有言，將信將疑。」

身經百戰的至親好友，都是同樣告訴我，他們連隊大多犧牲了。內弟祥春，一同入伍的七十多人，南征北戰，最後倖存只有兩位。

一將功成萬骨朽！劉鄧、粟裕今又何在？

一個戰爭的正義性和非正義性，本是無可懷疑的。但隨著時間的推移，是非會淡化，甚至又值得懷疑了，如「抗美援朝」。對這一次戰爭的動因和後果及它的正義性難以說清楚了。史家當會研究，作出應有的結論。

三

黃孝義兄是一位成功的劇作家，在農村酒家享之以「全羊席」，把子孫後輩都召來了，以示隆重。指定殺了一隻四十斤重的羊，烹調成各種羊肉製品，第一道菜是一盆大塊的羊肉，稱之為「手抓」。五十年前在哈薩克同胞那兒吃過「手抓」，那是真的用手抓，現在是用筷子。那時沒有佐料，現在用上了椒鹽。各種羊製品均極鮮美，惟一感到遺憾的是肚子放不下許多。

孝義兄最近又寫了三十四集的電視劇本《大江東去》，前月寄來一閱，上月又專程來我處研究。劇本從合作化開始，寫到責任田的被認可，是農村走向「一大二公」的全程。我是提不出多少意見，重點說了對「土改」的歡樂氣氛最好在適當地方「重播」一下。這是農村變革的起點，雖不過是成功的虛晃一槍而已。席間，他說：「我又改了第三稿，列印好再給你看。」

面對諸友和黃的子孫輩，席間我說：「孝義兄是大作家呀！《大江東去》三十四集，既有豐富生動的形象，而又是高度概括的，是思想性和藝術性很好的結合。最後，劇中主人翁率全家跪倒在小平像前，感謝黨認可了責任田。真是催人淚下！」我心裡想，農民能得到聯產承包是又一次解放了。農民完全喪失的「自我」重又出現，積極性迸發出來。

孝義兄的孫子也叫浩然，中學生，撰文評論爺爺的作品，刊於《拂曉報》。有人誤會反映：原來大作家浩然是你的後臺呀！我為孝義兄感到高興，回來寄一本書贈「浩然先生」以資鼓勵。

四

懷念家鄉故土，常首先是想吃家鄉的東西，可能是幼時養成了的習慣和愛好。到了宿州，早點即有熱粥（用黃豆粉、粟子做成，不是一般的粥）、胡辣湯、油條等。家鄉一帶人做麵食也比南方人高明。

去河南商丘，經徐州，先去了蕭縣境內的「皇藏峪」，幼時即是聞名的景點。口傳描繪為綠蔭湫日的幽深的山凹。離家數十年，從未去過。現在成為四A級景區。可惜沒有水，也沒有多少景點，但在皖北一帶可能是突出的了。因為連年的戰爭和運動，森林已經光了，這裡居然還保存著一片綠蔭。縣裡來人，招待我們，享之以五斤重的大公雞，加上當地土產的蘑菇，首先是一大盆，辣味十足，也是地方特色。

經過符離集，特地去參觀了燒雞的加工廠。我對這種雞是真有感情了。從上世紀五十年代起，不斷乘火車經此，就是滬京之間的特快車。別的站不能停，這個小站也停二分鐘的，可稱之為「聞香停車」吧。當年是提早準備一元錢，在車窗買一隻，都是用廢報紙包著，大小不計，吃上一路，是一種享受。

參觀了一個最大的加工廠——劉老二燒雞廠，每小時可加工三千隻。當地加工廠甚多。看了整個生產流程，關鍵是配料。現在已有各種包裝的燒雞遠銷各地，成為地方的支柱產業了。

五

去河南商丘，德玉和長運老弟把我們一直送到徐州火車站。火車是從上海開往成都的，早已座無虛席。上車後，只有站在那兒。有年輕的朋友，看我們倆都是七八十歲的老人，立即讓座。他們是長途，叫他們站著不好意思。一側一位女青年大吼一聲：「你們快坐吧，我們人多，大家可以輪流站站！」這時我才注意到他們是一個不小的群體。我問：「到哪裡去呀？」一個年輕人回答：「回家過年！」「過年？年還早嘛！」幾個人笑了，原來是金融風暴，工廠停工了，下崗回鄉。這是苦澀的笑。困難而以樂觀調侃的語言出之。他們的家都在四川地震災區。

這些可愛的年輕人，他們知道國家客觀的情況嗎？出發前，在南通聽到郎咸平先生的一個報告。有人送來了他的講稿和一張入場券（面值一千八百元，印得精緻，上有他的頭像）叫我一定要去。我有意坐在最後一排，鳥瞰全場，座無虛席。會場嚴肅，群情專注，不斷有掌聲。此君甚狂，居然有「我教訓中國政府」的不恭之詞。

從而閱有關資訊，叫人驚心動魄，中國是怎麼啦？果真是這樣嗎？

「十九世紀末，二十世紀初的中國，在政治上遭到西方列強的瓜分；二十世紀末，二十一世紀初的中國，在經濟上遭到西方各列強的瓜分。」其標誌是身上被國際壟斷資本插滿了財富吸管，用斷子絕孫的資源毀滅式開發，所透支形成的巨大財富，如同長江大河般的流向西方發達國家。這就是為什麼掌握了百分之七十財富的百分之零點四（最新統計）的人口，拼命向國外轉移財產和親屬的原因。

現在全球都在談論一件金融大醜聞，不幸主角是中國。購買兩筆美國債券共達九千億美元。三十年改革開放換來的外匯家底，大量套在裡面。預警早發出，為什麼不採取措施呢？政治腐敗、官員拿回扣也是原因之一。香港三家報紙為此曠世大案驚呼。這使我們想到小平的話：只搞經濟改革，不搞政治改革，經濟改革也會失敗的（大意）。

郎咸平說：「世界經濟風暴，不是中國救別人，而是受害比別人嚴重。發展下來，今天比明天更美好！」

這些年輕的農民工回家了，造成農民工收入的負增長，購買力更要下降了。何談內需的增加！

六

到商丘站，紅流妹和太初弟來接，幾天一直住在紅流那「城市中的農村」小院中。院子約半畝地，種著青菜。三間簡易平房，水泥地面，椽子在樑上，主要是靠開門採光。在院子裡自己打了一口深水井，有一個電視機，居住條件比我當年下放農村時好得多。在當地，太初處可算是豪宅，獨門獨院。「汽車開進來，不倒車可轉彎的。」德玉弟說。大廳寬敞，整個牆面是巨幅書法——岳飛的《滿江紅》，是書畫之鄉蕭縣書法家的作品。二樓大廳四壁掛著許多畫，似為展廳了。文化品味可見一斑。

太初說：「你看，院子裡的樹都已挖去了，房子就要拆遷了。」紅流也說她的房子也即將拆遷，下次來就看不到了。我給他們兩家各拍了一組照片，分別組合起來，留作永久紀念。一幅題為《太初故居》，一幅是《紅流小院》。

這說明商丘在迅速地改造中。

商丘是隴海、京九兩條鐵路的會合點，豫東的重鎮，經濟發展比沿海城市差。房價在最好的地段一平米一千兩百元，不到南通的四分之一。市中心還豎著毛澤東的塑像。毛留下的政治理念和政治體制，是社會發展的障礙。因為否定了「兩個凡是」，中國才邁開了改革開放的步伐。紅流說：「這個像現在還不好動，許多人還擁護他。」這一點也不奇怪，民國十多年時，許多人還攻擊孫文是反皇帝，尤其是村民和鄉紳。民國的信使去見溥儀，讀了信之後又向皇帝跪下感謝龍恩了。說明思想覺悟不是易事。

在商丘，意外接觸到一些不曾謀面的文友，說是這些年看到我的小冊子。沈文蔚老帶著他自己釀造的葡萄酒，魯平安校長、張郁溪夫婦諸君帶著菜肴到紅流家一聚。他們都長於書法，魯臻於古代大家的高度，令太初弟驚歎不已。各寫了條幅和橫幅相贈，榮幸之極。

沈老寫著：「先生碩望冠南通，妙手文章振聵聾。耄耋高齡心繫國，他年世淨頌豐功。」

魯校長寫著：「愛讀先生膽劍篇，真知灼見迪心弦。何當拜會荊州面，聆教高賢啟示言。」橫幅有「一瓣心香」四字。

張兄寫橫幅「民族脊樑」，令人一驚。受之有愧，卻之又不恭，權當收下作為收藏品吧。他則說這不是即興寫出來的。

一天，張郁溪、沈愛萍夫婦陪我們去遊了商丘的古城歸德府。小城居然保存得很好。城牆街衢完整，酒旗招展，古色古香，極熱鬧。有張巡廟，是唐朝安史之亂中的英雄人物。講解員說：「臺灣有張巡廟千座。」我問：「果真如此嗎?為什麼呢?」解說員說：「但他的老根在此。」這是歷史形成的民族精神，浩然正氣的弘揚。

郁溪先生說：「現在民族優良傳統被破壞了。」所以，他特地又寫一橫幅相贈，是語重心長。「忠孝仁愛禮智信——治國之綱目，齊家之準繩。溫良恭儉讓和謙——修身之圭臬，傳承之法門。」

紅流的女兒嫁到商丘之南的農村去了。紅流說：「開始我是反對這門親事的，哪知愛情的力量是不能阻擋的。現在他們的日子過得很好嘛!」

紅流陪我們去看望她的女兒。我們趁機去看看今天河南農村的情況，可以說是去看看中原農村的一個視窗。那個村子是在黃泛區的邊緣。一九三八年的「花園口」事件，黃河突然改道，豫東成為一片澤國。建國後，把花園口又堵起來，黃河又流到山東去，一時黃泛區是無人區了。這個幾十年，又形成了人類社會……

自覺對河南太熟悉，太有感情了。

洛陽三年，生母亡故於這流亡途中。日寇隔黃河相望，多年未敢南渡。當時戲稱日軍是太陽旗，未敢來「落陽」。南陽二年，作為流亡青年常年睡在草堆裡。一九四二年，和妹妹兩人橫穿全省，步行十五天。當時河南人相食，許多城鎮見有公開販賣人口的「人行」。建國後，有吳芝圃其人主政，認真執行廬山會議精神，餓死了四五百萬人。一九七五年，一系列水庫潰決，豫東又成澤國，許多人畜屍體沖到下游，人民始知上游的災情。從來是瞞報災情，若無其事，全國寂然，報刊不值一詞……

總覺我們這代人，生活內容豐富，不僅經歷了抗日戰爭、解放戰爭，而且目睹了蔣介石時代的全程和毛澤東時代的全程。在兩個「全程」之中，河南人民水深火熱，災難深重呀！

改革開放已有三十年，河南農村人民的生活今天如何呢？

恩格斯說過類似的話：一個民族有巨大的災難，一定會得到相應的補償。會是這樣吧？

璐璐家瓦房高爽明亮，有巨大的沙發和齊全的家用電器。媽媽帶舅舅、舅母來了，丈夫周興傑動手烹調。他很快做出五樣菜來，不亞於城市中飯店裡的質量，色香味俱佳！

在這個農村視窗，立即看到當代農村的兩件大事。

其一，璐璐家有三畝地，兩畝自己種，口糧有餘，另一畝租給別人，每年得租金一千元。「租給誰家呢？他幹什麼用呢？」他們帶我們去看了租用者建的蔬菜大棚，鑽到裡邊去，溫濕度很高。種的小番茄，作水果食用的。告知春節之後就可收穫了，一畝可得一萬四千元。這是他們種小麥收入的十倍！說明土地流轉的優越性。剛剛結束的黨的十七屆三中全會，重點談到這個問題。被譽為

「新土改」，這是一個叫人興致盎然的大題目。政策認定，不知中國農村將發生何種變化，隱憂是兩點：一、「非糧田」增加如何避免；二、城市資本擁入，農村勞動力進一步過剩怎麼辦。

其二，鄉村選舉三年一選已有四屆。這個村子是兩千六百多人，分為五個自然村。農村村民選舉，多年前就聽說了，反映到城裡的情況都是反面的：一是亂，二是形式主義。真到農村裡看看，得到了新的認識。產生兩個候選人之後，開展競選活動，公開拉票，非常熱鬧。有請客吃飯的、有挨家走訪的、有送禮品的、也有送錢的。總之是一句話：「請投我一票！」這不是賄選嗎？換一角度看，可得出新的結論。所謂「百代都行秦政制」，即都是「封官牧民」，哪有幹部討好群眾的呢？這真是翻天覆地。真的開始「以民為本」了嗎？興傑告訴我，拉票起一點作用，但不起決定性作用。群眾還是選信得過的人，因為村上的人都熟悉。他說：「你最好在這裡住幾天，旁邊一個村，幾天後大選，你可看看那熱鬧的場面。」

難免想到兩個問題。一是為什麼村民選舉活動報導如此之少？是不便張揚嗎？二是說中國人素質差，不能搞民主，一搞就亂。全國黨代表的素質比村民差嗎？為什麼不能讓他們的選票也發揮點作用？告別農村時，興傑用手機叫了「計程車」來送我們回商丘。

離開商丘那天，一位要來送行。我們說天太冷，路遠，別來了。他說，我還有話要說呢！原來他是在長期的深思熟慮之後，要陳述對世事的基本觀點。他說：「現在社會已經是腐敗透頂了。概括地講是：各級領導帝王化，幹部幫派化，法制虛設化，工作黑社會化，分配兩極分化。怎麼辦呢？我看唯一的希望是共產黨能把西方的政治文明引進來，實行民主憲政。沒有別的出路……」

因為他取極為鄭重的態度，所以我用筆記下來。他立即說：「如寫，可別用我的名字。」關懷國事而又餘悸猶存。這是當今世事民情的一個特點。

二〇〇八年十二月十二日

我所看到的平遙

二〇一一年五月十六日，我從陝西韓城過黃河來到了晉南的平遙。這是我久已嚮往的地方，和雲南麗江一樣，被認為是保存最完好的古城。當地群眾自豪地說：我們是四星級的，是世界級的文化景點。

和想像的不同，它不是一般居民的村落，也不是自然發展起來的小集鎮，而是在四百年前有規劃有領導建設起來的一個完整的小城市，整齊極了，規劃是這樣的嚴密而有序。城牆是一個橢圓形，如同一個龜背。當地群眾說：這是取長壽之意。六個城門，一頭一尾，左右各兩個門，代表龜的四個腳。城中的主幹道和小巷就是龜背上的紋路，據說全城近四千家居民，各就各位，秩序井然。這是否說明當時社會的組織程度和政治文化現象呢？市內處處極為整潔，只有電瓶車、摩托車，不能開汽車。

我請一位三輪車工人帶我旅遊，全程八十元。他說：我帶你去看市容和四個主要景點。他首先把我送到一個民辦的旅店落腳。我進得門來，抬頭一看：這不就是「喬家大院」嗎？進進院落，大紅燈籠高高掛！房間裡既有現代化的衛生設備，又有北方財主的大炕，床上和炕頭裝飾的典雅，喜氣洋洋，好像結婚的新房一般。房舍每天一百元。街巷中許多人家都拿出一些房子接待遊客，價格二十到一百多元不等。

引導我去的第一個景點是錢莊。始知平遙為清朝的金融中心，擁有全國百分之五十的金融機構，有「中國的華爾街」之稱。所看到的日昇昌號首屈一指。二十一座建築成為「中國票號博物館」。當年道光皇帝得知他們可以用一紙匯票，兌換銀兩時，頗為驚訝。讚揚道：「好一個日昇昌，匯通天下。」它的業務發展到全國，甚至及於海外。研究金融發展史，這是不可不到的地方。

一個錢莊由多個院落組成，按當時的條件設備是相當豪華。印象最深的是有地下銀庫，那裡還放著很多元寶和金條，當然是複製品，就像真的。導遊說，當年，八國聯軍打到北京，慈禧西逃曾到達這裡，錢莊老闆支持她二十萬兩銀子，說明當時錢莊老闆很「牛」。

接著去看了鏢局。鏢局中有練武堂，一些外國人在細心聽取導遊的講解。那時還是冷兵器，官方維持社會秩序的力量還是有限的，因而產生了民間的鏢局。這是保衛貨物運輸的一支武裝力量。同時群眾還有「揭竿而起」的可能性。說明當時中國社會的一種氛圍。

重點還去看了縣衙門。層層院落，規模很大，甚為整潔和堂皇。縣太爺大堂上的三個字是「親民堂」，院內一些對聯、條幅無不體現親民和力求和諧的精神。

舉例為證：

「門外四時春風和甘雨，

案內三尺法烈為嚴霜。」

「吃百姓之飯，穿百姓之衣，莫道百姓可欺，自己也是百姓。得一官不榮，失一官不辱，勿說一官無用，地方全靠一官。」「莫尋仇，莫負氣，莫聽教唆，到此地費心費力費錢，就勝人總累己。要酌理，要揆情，要度時世，做這官不勤不清不慎，易造孽難欺天。」

衙府裡的氣氛充分體現了「清官論」的思想。在那個時代，是很得人心的。就是到今天也還是人們的訴求。從「為民做主」到「人民做主」，走向現代化社會還需時日。

三輪車工人兼導遊，還把我送上了北城門的城樓。這兒也是平遙的一個重要景點，規模比南京的中華門城樓那個景點雖然小得多。從城樓向東西瞭望，可以看到經過整修的城牆，非常完整、可觀。城樓上還有三門大炮，顯然也是為旅遊而新設的道具。平遙的城牆近似長方形的橢圓形。城牆能這樣完整地保存著，國內罕見。北京的城牆宏偉，可惜都拆掉了。

人們問：經過文革的動亂，平遙古城為什麼還能保存得這樣好？當地群眾的回答是：「文革時，主要因為這兒窮，所以沒有遭到破壞。」上世紀八十年代，大拆大建的風潮刮到了這一帶，新的規劃已經形成，要開始動手了，不少明、清的建築將夷為平地。同濟大學教授阮儀三大吃一驚，懇請「刀下留城」。得到縣和上級的理解、支援，古城得以保存下來。

這幾年作為有心人，當地做了大量「修舊如舊」的工作。現在旅遊業興旺，入城門票，年收入有十多億。主要的產品是牛肉，去年銷量就有三億多元。值得思考的：許多地方都有古城風貌的基礎，如南通的六橋之內、商丘的歸德府舊址等許多地方，可惜都沒有完整的保存下來，沒擋住市場經濟所謂「開發」的衝擊。平遙是歷次戰爭、運動和改革浪潮中遺存的幸運兒，現在成為享譽世界的一顆明珠了。

二〇一一年五月二十日

平遙古鎮

皖南山區感悟
（二〇〇九年四月又來到九華山下的理山鄉、黃山腳下紹濂鄉）

「山窮水盡疑無路」。

這句話讀起來，重音在「疑」字，不過是疑而已。路還要走下去，路是人走出來的。中國社會，特別是農村的變化，這一點再清楚不過了。

十六年前，皖南姑娘春蓮來我家打工。在這兒完成了她學習，就業，結婚的人生三部曲。離開我家多年了，四月十日她們夫妻驅車前來，安排我們再去他們的家鄉一遊。此行是春蓮家醞釀多年的一片盛情。

十五年前，我和老伴、春蓮同遊廬山。那是利用癌症手術化療的間隙。返程中曾到春蓮家看望其父母和家人。對那山區近於「原生態」的景觀留下深的印象。記得，我們坐在小桌前吃飯，一個放養的大豬回來了，跑到了桌下。主人沒有驅趕，而是表現著愛撫的感情。春蓮的父親，千里而來看望我們，帶著太多、太重的蕃芋，以此寄託情誼。

這個村子怎樣才能富起來?是「疑無路」。

沒有想到社會發展急轉彎，十五年後今天這個家庭在城市化的浪潮中，根本變化了。

孩子們很快長大了。春蓮的哥春旺，二姐友蓮都在貴池建立了自己的家。這個家是辛勤勞作的成果。

春蓮的大姐嫁到南邊的象山村。姐夫雙旺是村長，因工作走不開，仍留在鄉下。春蓮的父親也在城裡找到了工作，做門衛，每月八百元，很高興。比在鄉下實在好多了。現在，只有老母一人在家留守。到貴池，春旺、友蓮來接，安排我們住友蓮家。她家在這個城市購買了一百三十平米的房子，丈夫小潘是裝潢工人，自己裝潢得漂亮。友蓮則在服裝廠做工。一個小孩在上小學。哥哥春旺已從裝潢工，發展成為一個包工者。目前正為三家房子做著，生意好。說「金融風暴和我們沒關係」，小潘自豪地說：「去年一年我只休息一天。」這也說明城市在迅速發展著。

十二日，他們在飯店設家宴，老母親和姐夫也都從鄉下到了。盛情可感。餐桌上我說：「國家改革開放三十年，你們家是典型：大家庭中幾個小家庭，家家是勤勞致富，從農村轉入城市，反映社會的變革……」

又去理山，這兒是舊游之地了。春蓮老母一人還養一頭豬，只是圈養了。遠處山坡上可以看到，還有人家是放養。我問：「豬在山上跑，不會跑丟嗎？」「它自己認得家的。」這時嫁到遠鄉去的春秀，曾在南通打工的春蓮的堂妹，聽說我們來了，趕來看望，帶來許多自產的雞蛋。我們說：「我們還要跑許多地方，雞蛋不帶了。」春蓮的父親陪我在村裡各處看看。山巒起伏中的綠蔭處，有一幢幢色彩斑斕的民居，其父指給我說：「你看那連在一起的三家，鎖門了，人走了，不住了。都到城裡去了。」「田呢？」「不種了，當然是覺得沒意思了，借給別人種，或是荒著。」告訴我有的借種也不要租金。

十七日，到了黃山腳下。一早，念姐上山去採茶。隨同前往。梯田層層，兩側林木蔥郁，杜鵑花正開。回眸紹濂，忽憶起十五年前和新棋同至這個山坳，他已不知何處去。採茶季節到了，他的女兒仍在採茶忙。

採茶時節三個月左右。茶質遞減，價格遞減；今天已從二十八元降到七元一斤。一天苦幹採十斤左右，每年可得三四千元。這是口糧之外僅有的收入。

十九日下午芳英帶我們到村子裡到處看看，各家坐坐。幾乎各家主要勞力都在外地打工。村子裡房子蓋得好，款式各異，多姿多彩。這個村子真是一個民居的展覽會。

原因何在？

建房便宜。三五萬元即可蓋一兩百平米，十萬以上可蓋兩三層樓。農民在外地打工，除掙點伙食外，腦子裡就想著回去可蓋個什麼樣的房子。已在參照江浙、八閩一帶的樣子，推敲再三，打好腹稿了。這一帶城市，主流是徽派建築，但這山村不然，是各地建築藝術的引進，多元化。

建房體現出純樸的民俗：一家建房，大家動手。芳英說：「念姐最近就為別家忙了幾天。」

二十日，葉君繼光，芳英的二女婿，驅車送我們去績溪一遊。此行得到太多照顧。因他在職，就感到政壇的氛圍。

徽州陽和門

有人戲稱：「我們這一帶出了兩個『皇帝』。」指胡的祖籍在龍川村，江的祖籍在婺源。都是初次聽說，不知其詳。

「龍川」肯定不是當代起的名字。龍字不能隨便用呀。龍川村胡家的故居也不開放。「龍川村」百分之八十姓胡，小橋流水，風光綺麗。有胡氏宗祠，為古代遺址，居然高大堂皇可觀。前後三進，最後一進有列祖列宗，胡為四十八代孫。其先人在朝中文武官員甚多。果真是因風水好，有此傳承嗎？

這個祠堂所張揚的是民族傳統文化——和諧，令人驚奇。各扇門上，有精美的木雕，體現和諧、和美、和順、和平、和藹……以祥和為主旨，追求人際之間的和諧，人與自然的和諧。人際之間和諧的要旨何在？有一大鐘，上面鐫刻「國泰民安」四字。「國」字少一點，而「民」字多一點。闡明政權和人民之間應該如此，認為這是社會主要矛盾的正確處理。

一個人出自這樣一個家學淵源，是因此而自然提出「建立和諧社會」，甚至「建立和諧世界」的理念嗎？

這從根本上擺脫了毛的鬥爭哲學。不如此愧對列祖列宗！

想不到在龍川村找到了這民族文化的根。煞是有趣！

緊接著西去尚莊，看「胡適故居」。地方派人作陪，又換了大些的好的車子，在山區行車三十里左右。尚莊的小巷細而曲折漫長，名為「適之路」。晤胡適侄孫。故居中有四個展廳，蔣氏評為「舊倫理、新文化之楷模」，建國之後重點批判。郭沫若稱：「他和蔣氏，一文一武統治中國。」

胡適的舊倫理是民族文化，他的新文化是西方的東西。他給小兒子取名「胡思杜」，是念記恩師美國哲學家杜威。講解員說：這個思杜曾把家財獻給共產黨，支持革命事業，還是被劃為右派，遭迫害致死。

這天地方領導以中餐、晚餐兩次盛宴招待。徽菜也是高檔的飲食文化，第一次見識到。主人致詞講了兩點。一是三年之後績溪將是皖南突出的重鎮，即將有兩條高速鐵路在此交彙；二是我們國家有幾千年封建文化的專制體制，這是中國特色，看來只能如此……

我說：「第二次來。第一次看黃山勝景；第二次看徽州文化。書畫雕刻，筆墨紙硯。今天，又看到這樣好的徽菜。千百年間，徽州人民從中原在戰火中南徙，來到這山青水秀的地方，保存發展了民族文化，形成一個個有文化特色的村落。和江蘇的周莊等一比就很清楚，品位不同。徽州文化的核心是強調和諧，老城的大門上寫的是「陽和門」。昨天溫總理在博鰲會議上講，任何國家民族在當前都不可能獨善其身，把人類普世價值的道理說得淋漓盡致，叫人感動。

昨天在紹濂鄉看到晨晨（芳英的外孫女）的課本，她是初二，現在叫八年級。第二篇即胡適的《我的母親》，他講了幼年的生動故事。最後說：「我知道了寬厚、體貼別人，我要感謝我的母親。」人道、民主、自由這些普世價值是胡適思想的核心。想不到也是龍川和諧文化即徽州文化的核心。

二十四日，一天乘車十小時，下午六時回到南通。

這次旅行結束了。想到的是，社會發展「疑」沒有路時，總是有路的。越過拐點，柳暗花明！如文革後期，毛形成了他的家天下，山窮水盡！立即有雲散日出的改革開放，農民可以吃飽了。不安於溫飽，在農村是山窮水盡，忽又有城市化的浪潮。皖南九華山下的理山鄉，黃山腳下的紹濂鄉這些邊遠的公路末梢地區也出現社會激蕩，面貌發生深刻的變化。這是有內在的動因，不由自主的。

二〇〇九年四月二十五日

胡適故居

旅杭散記

二〇一一年九月，又到杭州，本是去探親，到兒子家看看；本是去訪友，看幾個朋友，不料兒子安排又旅遊起來。龍井喝茶，月夜泛舟。兒媳等引導去看他們的杭大。有和允若諸兄的歡聚，有和國湧老弟的重逢。四天之中倒也豐富多彩。頗多感受。擇其要點，略有所記吧。

憶及往事　岳廟一個道德法庭

十二日是中秋節。晚飯後，兒子安排前去西湖賞月。行車甚久。坐在車上我想到：我來杭州幾次啦？半個多世紀數不清了。第一次是記得最清的，一九五一年和新婚的妻子、妹妹同來，還有一個小朋友，名叫露露。那次在秋雨中只遊了靈隱和岳廟。幾十年間，靈隱在記憶中淡去，而岳廟凸顯出來。主要是因為那兒跪著四個鐵人，也是三男一女，是南宋的「四人幫」。雜文家撰文稱：「獨缺趙構。」殺岳飛的哪裡只是這四個人呀！還是魯迅先生講得對：「雜文打不到孫傳芳」。（當時在江浙一帶的軍閥）。他是說「批判的武器」不及「武器的批判」頂用。辛亥革命已有百年，我們這個民族還沒有跨過「只反貪官，不反皇帝」這個封建等級觀念的門檻。還是「吾皇聖明」。罪責都是下邊人的。試想沒有趙構的指使認可，秦檜敢殺岳飛這個大元帥嗎？同樣，當代「文革」的罪責，全推給「四人幫」，他們也不服氣。江青在法庭上大吼一聲：「我是毛主席的一條狗呀！」幾十年過去了，還是是非搞不清，不願搞清。現在又成了現實問題。有人高調要重啟「文革」，公開要給「四人幫」平反了。按此邏輯，秦檜他們也應該叫他們站起來了。

岳廟那兒是我們這個民族的道德法庭。這一個案的法庭審理工作，至今沒有終結。「獨缺趙構」！說明社會發展的停滯，政治生態依舊。馬克思說：「中國真是活的化石。」

有一次就是為了參加全國的雜文學會來的，雜文家的觀點看來是一致的。有什麼用！秀才遇見兵有理說不清。

中國人民什麼時候可以真的站起來，跨過這個「君權」的門檻呢？

不斷來此，南邊的錢塘江大橋、六和塔、新建的雷峰塔、北邊的保俶塔都留下印象，更不要說平湖秋月、柳浪聞鶯、斷橋殘雪、花港觀魚等處。

一年來杭州，看到湖濱路西側，一兩公里的民宅商店都消失了，這是為了開闊遊人的視野，對這種氣魄感到驚異和興奮。湖的西北角有兩個方形的高樓。陳毅同志說：「已經蓋了，用幾年吧，然後拆掉。煞風景呀！」這次來果然沒有了。

我在新新旅店住多次，那是五四時代以至民國時期，胡適、蔡元培等名人住過的地方。到樓外樓吃過飯，那是周恩來宴請外賓的地方。這並非攀庸風雅，而是組織安排。

真正和精神生活有聯繫的，還是秋瑾的紀念地。我還特地去找馬寅初的故居。二十年前雖然有了路標，但裡邊空無一物。據說現在充實了內容。宋慶齡題：「民族瑰寶」！這是一個民族道德的制高點。

西湖有蘇堤、白堤，在上面多次往返了。

世間是一茬又一茬，早年看到的人，熙來攘往，大多都不在了。那時還沒有出生的，我兒子這一代，以及他們的下一代已成了西湖的主人。

西湖泛舟——談汪莊和劉莊

中秋之夜，和孫女、女兒伉儷，乘船橫渡西湖。因為已近深夜，船不再回程，所以兒子、兒媳不便上船，只好駕車再圍湖轉半圈，到楊公堤去接我們。

月明如晝，湖面如鏡，湖上絕少遊人。一葉扁舟，艄公搖櫓，欸乃而行。此時此刻，在中秋月夜的西子湖上，實為人世間罕有的良辰美景。

船夫一邊划船，一邊生動地解說周邊的景點和背後的故事。他指點汪莊、劉莊就在那燈火明滅處。這些地方既是豪門，又是政治舞臺，長期是禁區，和群眾隔絕，但又是國人的矚目之地。時間已久，內情漸漸傳出來。都是前朝的「佳話」：汪莊本來是汪惕予的莊園，此君為懸壺濟世之士，被譽為中西醫結合的鼻祖，從事醫學教育工作。有《汪氏醫學彙編》十六部行於世。他在這西湖邊購地百畝，建起了一個汪氏山莊。因為他侵佔了一些水面，杭州市民把他告到官府。他自知理虧，死後將莊園全部獻給公家，以全名節。在他生前，還是建成了一個西湖一帶最為高雅豪華的去處。背依山路，三面臨水，樓閣中西合璧，假山重疊，石筍林立。汪氏自豪，「景以西湖美，茶因龍井名。」

新中國成立後，公家接管，又擴建樓宇，增加許多面積，達到二十四萬平方米。史書稱：「毛澤東常下榻於此，為他的安全計，一切可遮擋隱蔽的建築一律除去。毛澤東常常坐在草坪的遮陽傘下看書。他感慨地說，坐在這裡，好像回到了故鄉韶山沖。在很長的時間裡，汪莊和周圍的山林，與世隔絕。」

旁邊的劉莊，是更上一層樓！我們的船在劉莊一側經過，只是在夜色中，看不到什麼。查一點資料，略書於此（見人民日報《文史參考》二〇一一第八期），可擴大一點眼界。一九五九年初，著名的建築師戴念慈奉命為毛澤東建設劉莊，工程代號為「五九〇一」。接到的要求是，外觀樸素，室內精緻。他研究汪莊、上海花園飯店、北京的菊香書屋等處毛住過的房子。傢俱的尺寸，都是考慮了他的身材和喜好的。他設計了甲乙丙丁四個部分，中間以青竹長廊連接。房間根據不同的功能，有不同的高低……

對改造前的劉莊，有《劉莊百年》一書，介紹它極致的豪華和高雅。改變以後呢？特點是把劉莊附近的韓莊、楊莊、康莊都並了過來，保留各園的名景勝跡。這更是當朝的大一統，蔚為大觀了！

這個劉莊，是莊主劉學詢獻給國家的。劉當年籌款支持中山先生的革命，曾產生債務問題。他的姨太太最後獻房子後，遷到南山路廣福里一號，靠做傭工為生，月入十六元。當地人提起這位劉莊的最後主人，不免感歎世事滄桑，命運無常！

劉莊，迎來了它的新時代。

有材料稱：「從一九五三年到一九七五年，毛澤東四十三次來此。在這兒生活了七百八十五個日夜。他把這兒看作自己的家，有時一年來幾次，有時一住半年。」

他離開延安後，到延安去過一次嗎？沒有！雖然延安父老一再致函相請。

彭德懷上廬山，在西北組參加討論，第一句話就說：「許多省給主席蓋行宮，這是搞的什麼名堂！」主席看了簡報，沒有表態。

建國之後，劉莊這兒，是諸多行宮中最為光彩的。

《五四憲法》在這兒誕生

劉莊初登政治舞臺，是一九五四年毛澤東帶一幫人在這兒起草《憲法》。當時，劉莊已豪華得可以，不僅傢俱是紫檀，嵌著雲母石，滿堂是歷史上一流名家的書畫，文化積澱深厚。當時，倒真的把各國的法典拿來參考，認真學習。只是唯一沒有學到手的，是「主權在民」。從文字上看，建國後制定的四部憲法，法學界最推崇的，還是這部「五四憲法」。後來的日子，民主法制後退，專制集權強化。毛澤東說得明白：「憲法」這個東西是限制黨的權力的，什麼時候執行，黨來決定。半個多世紀過去，「何時憲政大開張」，還是當今人們發出的呼籲。近日，何清漣有文章指出：

「統治者可以凌駕於『法』之上，這一文化特質，一脈相承。憲法還是用來裝點門面的花環。」他說，百年間已經立了十四部「憲法」，但到今天，憲政依然是一個夢。問題在哪裡？從一九〇三年清政府頒佈《欽定憲法大綱》（史稱中國第一部憲法）以來，中國人追求憲政已有百年。關鍵是，主權在民的思想不被當權者接受。這樣，當年，「君主立憲」立不成，現在，「黨主立憲」也立不起來。「我們不搞西方那一套」——問題的核心在此。從劉莊自身的故事，也印證了這一點。什麼時候可以解決這個問題呢？不知道！

走馬看花遊浙大　不免想到竺可楨

兒媳小郭和幾個朋友，都是浙大的教授，應邀去看他們的新校區。雖匆匆而過，但眼見是實，不免有些感想。

浙大是一馬當先，把當地的各個大學並為一體，圈地重建校舍。一陣風，各地跟上，這形成全國高校建設的一次新的「大躍進」。在校內聽到的評語是一句話：這是某人的主意。這樣大的問題，是個人的決策嗎？既成事實，是好是壞不談了，不便談了。談，也沒有用了。

我們驅車從一個個學院之側走過，總覺得他們是孤立於校園中的互不相連的個體。作為大學，留一些綠化地帶很好，但多年之後的今天，仍可看到大塊未墾的荒地，顯然是圈地太多了。許多大學的新區，都是如此。

他們重點推薦：「請看我們的萬人食堂！」食堂氣勢宏偉，規模前所未見。只是「吃」，是一個個體行為，跑些路，和萬人一齊吃，有什麼優越性嗎？結果是一望而知，和小食堂比，壟斷性否定了競爭機制。特別是，小食堂分散，距離教學區近，現在，各學院的學生要長距離地奔波，天天吃苦頭。這是當年「大躍進」辦食堂，追求一大二公的思想在新時代的表現。說明歷史問題不認真清理，難免要吃二遍苦。

「大食堂」，是大學合併的縮影。人首先要吃飯，首先把「吃」抓起來，體現學校的一體化。辦大的大學，好處在哪裡？對不同任務的學校，有利於發揮個性、提高教學質量嗎？好處肯定是有的，那就是有利於統一領導，統一辦學思想，有利於政治思想一元化的教育工作，好管理。近年有人提出驚世之問：為什麼中國大師少，為什麼總是和「諾獎」無緣？為什麼建國後不再有教育家？因為不再需要了，這不是我們的培養目標。我們的目的是要培養聽話的孩子和馴服的工具。這和增長些知識沒有矛盾，但是不可能成為有創造性的人才。

不同類型的學校並在一起，當然要「外行領導內行」，「學府」會變成「官場」。再加上「市場」化，學術腐敗同步隨之而來了。

從本質上講，各種大學並在一塊，是中國特色社會主義政治體制的一種需要。

到浙大，自然會想到竺可楨校長。聽說學校裡有他的塑像，可能還在老校區，也可能學校太大，我未及看到。有這個塑像，也只是一個飾物了，這兒，實際上與他無關了。他主持這個學校十三年，強調學術自由。說：「大學，包容萬流，才能成其大。」要「採英美學術之自由」。他主張

「大學應該是超政治的」，「大學自治才能維護尊嚴」，主張學生自治。他是認真這樣做的。史家稱：近代中國，辦大學最成功的，一個是蔡元培，一個是竺可楨。

收到幾本書　他們為社會注入靈魂

這次杭州之行，最大的收穫，是收到朋友送的幾本書。傅國湧，以杭州為平臺，寫百年思想界的風雲。既有地方色彩，又有全國意義；既是寫歷史，又是當下之需求。題目有「龔自珍告別衰世」、「戊戌第七君子徐致靖」、「新思想的代言人胡適」、「史量才為『報格』而死」等等。說，他們為當代輸入靈魂。

張允若兄贈送《新聞傳播文集》，沒有想到如此厚重。是「新聞學」，重點從理論和實踐上研究新聞自由這個話題，專業色彩很濃，國際的視覺尤為突出。還有些史論：《王韜和報刊民主議政》、《史量才的辦報思想》、《浦熙修的開天窗》等。

我在報社工作三十年，自然感到這是一些誘人的話題。

郭夏娟也是文章能手。她很低調，既研究高深的理論，又觸及熱門話題。贈《行政倫理學》，書名就叫人一驚，這不正是億萬人民思考的當前政壇風氣嗎？前些年，她從事農村民主選舉問題的調研，這是國際社會對中國民主進程關注的話題。在英國從事科研工作多年，送我專業性很強的巨著，使人感到學習之不及。

潘傑先生來訪，得知他寫了許多書。他帶來一張報紙，上有大標題「一個杭州老人和三位美國總統的交往」，是說小布希、克林頓、奧巴馬和他有函件往來，這是因為他的一些著作。和基辛格有多年交往，寫了《和基辛格的對話》一書。多年前，他就動筆寫《司徒雷登傳》。我看到前邊一部分，問：「你寫好了嗎？」他說「擱下來了。」「為什麼？」「……」因為寫到後邊，感到不便，是毛的幽靈還在徘徊吧！

目前國運堪憂，浙江波動很大。說「不搞西方那一套」，拒絕政改，國進民退，經濟回潮，忽然又有「五個不搞」，其中有「不搞私有制」。這是來自中央的聲音，是詔告天下的話。這樣，率先發展私有制的浙江，大為震動。資金外流，人才外流。一位中學老師也說：「中學生出國的，也猛然增加了。」溫家寶總理親民、勤政，哪裡有事，他總是第一時間到達的。這個月，他為此來浙江，跑到浙東，只是不知他有什麼好的辦法。

以上所寫，雖然是一鱗半爪，但可以看出，社會發展的階段存在的一些問題，前面的路，還任重道遠。

二〇一一年十月

送別冒富之
——我所看到的農村人民公社

龍年春節快到了，我想應該到當年下放的農村去一趟，給那兒的鄉親拜個年，特別是要到冒富之家去看看。他夫人寶銀三年前走後，去年五月他也走了。富之走時，村裡人沒有告訴我，說是：「你年紀大了，何況當時你去了陝西，不在家。」為了我去，老伴準備了一些禮物。女兒主動陪我去。她從上海來，也買了一些帶到鄉下去的禮物。她不僅是陪爸爸，也要去表達自己心意。

一九七〇年一月十日。女兒對這個日子，也是脫口而出的，記得清楚。那天傍晚，一部卡車把我們送到北去如皋方向的五十公里處，司機把我們放下來，立刻回頭了。所好公社大隊支書王春軒立刻到了。他看到路邊放著我的許多行李，有書櫥、床、箱子等等，更有三個孩子，最小的十二歲。他感到意外，說：「通知我，只知道是你一個人呀！不要緊，你等等吧。」他立即去公路邊的一個生產隊（現在是村），喊了二十多個社員來幫忙，有人抬傢俱，有人領著孩子，一直送到西邊的六生產隊（板港村），把我們交給隊長冒富之。這時，天已完全黑下來了，從此我們的生活就由隊長安排了。

在沒有準備的情況下，書記一聲令下，社員立即行動，使我感到公社嚴密的組織性和鐵的紀律。社員這種額外的勞動完全是無償的。因為天黑了沒有燈光，這些社員的面孔我也看不清。我該怎麼感謝他們呢？對男的一人發一支煙，對女的每人發兩塊糖，表示謝意。這時，我才知道了煙和糖現場不可缺少的重要性。

我從城裡出發時，烏雲密佈，少有人敢來為我送行。雖然我在報社工作了幾十年，負責編輯部的工作，各組都向我發稿，平時和大家都處得很好，到場送行的只有總編老楊和他的夫人小朱。汽車快開了，老楊說：「你要買兩包煙帶著。」小朱說：「你還要買點糖，和那兒公社社員初次見面呀！」這時報社已被造反派奪權，老楊也是黨的總支書記，過去的一些運動中，他傷害過一些人，現在碰到他了。文革風浪起，他每天早晨奉命跪在毛主席的像前請罪，說報紙執行了劉少奇的反動路線。有時叫他跪在印刷廠門口的街上。我到農村後，聽說他被押送到各縣（南通地區有六個縣）巡迴批鬥，肋骨被打斷，過早的去世了。在我離開報社前，文藝組長老謝被拉到報社的院子裡痛打，當晚他吊死了。財貿組長（兼農業組長）我的前妻王平在隔離中身亡，說是自殺，火化時家屬未能允許到場。前總編王子昌，作為右派還在勞改中。我也剛從隔離點放出來。不瞭解我在城裡的情況，也就不可能瞭解我到農村的感受。城裡是「高天滾滾寒流激」，農村是「大地微微暖氣吹」。

冒富之隊長（即村長），安排我們就住在他的家裡。他家新蓋了三間屋，他和夫人寶銀帶三個孩子住在東間，西間讓給我們住。

這樣，我的公社生活開始了。

當時說：「共產主義是天堂，人民公社是橋樑。」公社是中國共產黨對國際共產主義運動的重大貢獻，是偉大領袖毛主席對馬克思主義的重大發展。報上、書上都是這樣說。我從來沒有聽到有人說一個「不」字。我也經常這樣說，在自己的崗位上，在口頭上，在筆頭上都是這樣說。

第一天晚上，寶銀送來一盞煤油燈，提了一個糞桶放在房中間，說「天太冷，夜裡不要出去了，小便就在這桶裡。」那天晚上，我很晚才睡著，可能是到了一個新地方，第二天早晨，醒的很晚，發現便桶沒有了，心裡想：大事不好，怎麼能叫隊長的夫人給我們倒小便呢。所以，隔天我就特別早一點起來，把尿倒到茅坑裡。寶銀見了對我說：「你不要倒，還是我來倒，要倒在自留田裡，這是肥料。茅坑裡的糞便是送到大田裡去的，自己不好動的。」這時我恍然大悟，公私要分清。這是我到農村接受再教育上的第一課。

我沒有鍋灶煮飯，冒富之非常關心。他總是吃好飯後，抓緊把鍋刷刷，對我說：「你快點煮吧。孩子餓了。」當時，隊裡燒草很緊張，各家都不夠用，可是他說：「鍋堂門口有草，你就燒吧。」我這時才開始做飯。雖然是寄人籬下，冒富之親切的態度，使我感到溫暖。寶銀也儘量照顧我的小孩。她是很有愛心的。

到了農村，我注意農民吃什麼。完全不是我想像的情況。中飯，冒隊長的三個孩子是一人一碗稀飯。富之從甕子裡面抓出一把蘿蔔乾撒在桌上。我說：「你應該洗一下，這不衛生啊。」他說：「什麼叫衛生，你還沒有體會。我看有得吃，就是衛生。」這話叫我大吃一驚。原來在吃飽的問題沒有解決之前，是談不到衛生不衛生的。他的三個孩子，每人揀幾塊蘿蔔乾，把一碗稀飯喝下去，這樣中飯結束了。大人更是如此。我發現，十天八天才吃一次乾飯。很多人家還要等待時機。什麼時機呀？例如，賣了豬的那一天；修房子請人來幫忙的時候；有人來相親的時候，才吃乾的。

我從城裡帶來了小小的一罈豆腐乳，鄉親們看到，覺得新奇。我就左鄰右舍每家送兩塊，都說好吃，沒有吃過。後來，我種了許多番茄，結果的時候，請左鄰右舍嘗嘗，都說不好吃，咬一口就吐掉了。所以我在那裡時，許多年，沒有人願意種番茄。

我住在冒富之家，一直到第二年國家給我蓋了新的房子。房子就蓋在他家的旁邊，格式一樣，後三間前兩間，用牆圍起來，但是質量完全不同。我的房子牆無一塊磚，上無一片瓦。這個房子是國家花錢替我這個下放幹部蓋的，花了多少錢我也不知道，由隊裡經辦。一個突出特點，這房子是全大隊十個生產隊中的「分子」，「勞動改造」建造出來的。「分子」，就是敵我矛盾的階級敵人，如地主分子等。把他們集中起來給我蓋房子，我如何面對？我請示了老冒，老冒又請示大隊書記。最後王書記說：「你就發點煙，發點糖，不要多，表示個意思吧。」他們幾十個人義務勞動了很多天，把房子蓋成。這個建房的勞動大軍，實所罕見，有男有女，有七八十歲的老人，還有十幾歲的小孩。我想，這個小孩也是階級敵人嗎？經瞭解，他的爺爺是地主，他是來替爺爺幹的。

這個房子的質量，比西安「半坡遺址」那幾萬年前的房子當然好得多。牆壁，北方叫乾打壘，這兒可以叫濕打壘，收乾削平，塗上石灰。東牆要披上蓑衣，否則很快被雨水沖刷倒。有一年春天，終於還是被雨水沖倒了。窗子不能開大，只能一尺見方。我在房子後面種了許多竹子。有一年竹子鑽到床下來了，砍掉後還在長。門口就是我的自留地，所以出門一步之遙，我就種上了水稻，以增加口糧。秋天，蛙聲噪耳，熱鬧非凡。我的小孩提著籃子，拿著電筒、木棍，去捉青蛙，一夜可得數斤。這是殘酷的田園之樂。

在建房時，王書記和富之都建議我：「你自己最好也花一點錢，買一點磚頭，砌個磚牆，稍微弄弄好，以後就住在這兒吧。」他們的口氣，我要在這裡打萬年樁了。我跟他們說：「不可。現在隊裡社員的房子是私人的，隊裡的房子是集體的，如倉庫等。現在我的房子別看最差，它是國家的。我如果花錢買磚加上去，那是公私合營，將來不好處理的。」我相信我不會在那裡久留，文革一定不會長久。

富之內向謙和，身在其位，有時要體現公社的權威。每天到建房工地佈置工作，面對「分子」，他常大吼一聲，體現無產階級的專政，以示我老冒是立場堅定的。大家都清楚富之是在「做戲」，知道他是一個寬厚的好人，他的專政不可怕，大家有會心的微笑。

公社這部機器怎樣運作？每天天不亮，王書記就步行而來，沿著我家背後的居住河，一路向東，用他的大嗓門講，不是講而是吼，向六隊傳達上級的指示和自己的要求。常喊：「冒富之你醒了吧？」這時社員還都睡在床上。我也常是被驚醒，為此感動，覺得公社的幹部辛苦而勤奮。

因為是近距離，我感到富之的擔子更重。全生產隊每塊地的田間

灶台

管理，要幹什麼、進度和質量他都要考慮，每個勞力幹什麼都要安排。每一個社員，都是他手上的一個棋子，包括我在內。每天幹什麼，本人自己事先不知道，臨時聽指揮，所謂勞動軍事化。早晨起來，富之照例是沿著生產隊中間的養魚塘轉一圈，向三十多戶發佈命令，如說「今天女的帶鋤頭，男將帶釘耙」，還點名叫一些人去執行特殊任務。社員是絲毫沒有個人的獨立意志的。南斯拉夫的鐵托說是奴隸制，當時中蘇交惡，蘇聯理論家也說中國的人民公社是農奴制，都極不友好。

富之當時的權可謂大矣，人人聽命，個個服從。這不是他個人的權威，而是公社這一體制的權威，由富之體現出來。

一天清晨，一輪紅日正冉冉升起，全體社員在渠岸上整隊，這是隊長訓話和派工的時候。富之說：「根據上級黨委指示，今天人人要學唱革命樣板戲。人人要唱，我看哪個敢不唱。現在我唱一句、大家唱一句。」他唱「我們是工農子弟兵。」因為大走調，大家哄笑。他說「不准笑。我看哪個敢笑，唱得好壞是水平問題，唱不唱，是對偉大領袖毛主席革命文藝路線的態度問題。」

和富之一家住在同一個屋簷下，甚至用一個鍋子煮飯真是零距離。他們夫妻是我到農村接受貧下中農再教育的最好的老師了。

看公社的優越性，當然是看它是否有利於生產的發展，群眾的積極性怎麼樣。沒有想到都是磨洋工。寶銀上工忘不了帶鞋底和針線。婦女一起在田裡鋤草，幹一刻，就堆在一塊說閒話，一邊紮鞋底了。壯工挑糞，把戶子上的糞肥送到大田裡去，挑幾桶就在一個戶子裡坐下抽水煙閒聊了。富之不過問，心裡太清楚，億萬農民磨洋工呀。有個年輕人實在不應該，在田裡打農藥，找個涼快地方睡覺，睡醒之後把農藥往渠裡一倒。這樣富之當了真，也只是嚴肅批評了事。

富之是個人民公社的窗口。通過他可看到公社的實質。最高指示要求「農業學大寨」，他當然要執行「大寨式工分制」。每十天半月開一次評工記分的小組會，決定一個人的工分。我也參加，都是自報互評。滿分是十個工分，差一些是九分，過差的八分，實際上是平均主義，都差不多。

當時官方理論家的觀點：思想起決定作用。思想好，輕活可以重幹；不好，重活可以輕幹。所以要突出政治。會上發言，一般第一句話都是「偉大領袖毛主席教導我們說……」如果忘了說，有人指出來，照例扣工分，幹部不便不扣。

富之深知群眾磨洋工的原因是分配上的問題。他深知「按勞分配」是積極性的源泉。他這個當家人，在農忙時，如搶收搶種，「早上一片黃，傍晚一片綠」時，和龔會計商量後，用起了「土政策」。他在插秧的田頭大吼一聲：「今天按量記工分，一行兩分。」此言既出，現場立即呈現了熱鬧的局面，似龍騰虎躍。有人喊正在外出的孩子：「回來、回來，今天不出去了！」有人叫我：「你讓開！」覺得我插一點，幫不上忙，反而礙事。

如此，夏收夏種的工作很快完成。富之聰明，見好就收，立即又恢復了大寨式工分制。這個動作是冒風險的，足見他的智慧和勇氣。當然瞞不過大隊，王春軒書記幾乎天天到隊裡來。他只當作沒看到，不說什麼。

社員們又開始了馬拉松的磨洋工，還要延長工時來體現「革命化」，連春節時也要上工，年底說「把革命進行到底」，年初說「過革命化的春節，爭取開門紅」。在形式上要滿足上級的需要，冒富之這樣做是不得已的。當時，每個社員都不過是一個工具，幹部也不過是公社這部機器上的一個螺絲釘，實質上是沒有自己的。

隊裡的經濟收益，富之這個隊長當然是關心的，這包括他自己的利益在內。他有權嗎？有，也沒有。因為三級所有，生產隊同時屬於大隊、公社所有，大家都管。用行政命令的方法管理經濟，我看都沒有經濟核算的概念。例如公社來電話：「供銷社來了一批氨水，你派人挑回去。」價格、質量，有時甚至是什麼化肥也無權知道。這樣，隊裡的一筆錢就從信用社撥到供銷社去了。

我的女兒十六歲也參加挑氨水。富之經常是派二十個左右的婦女去挑。她們站著隊，唱著號子，邁著整齊的步伐，在渠岸上走過，一個個手上還拿著擦汗的毛巾，動作一致。遠遠看去，這是生活中很美的畫面。這些勞動者，誰也想不到，她們的勞動對自己生產隊經濟收益是什麼後果。公社和大隊對生產隊的平調，最多最常有的是對勞動力的無償佔用。常年如此，反映在生產隊的帳面上是什麼情況呢？

社員分配每年兩次，年中是預分，只分糧草，年終才分現金。兩次加起來，一個勞力每月平均可得十元左右，所以「吃飽」是很難說的。家裡如果有一個孩子上學，住校每天菜金只能五分錢，早晚各一分，幾塊蘿蔔乾，中午三分，一碗清菜湯。學校只按這個標準供應。可見那個時候的生活水平。現在說起來有些人可能不相信。

一個嚴重的問題是，農民勞動的成果，分配到自己身上的有多少，被剝奪的有多少？這個問題，幾十年來沒有經濟學家肯說清楚。社會學家不知為什麼也要避開。根據常識和我的觀察是這樣：建國前地主和農民的關係，一般是按收成對半分成，當然上下略有浮動。社員和公社的關係遠遠不是對半分成了。只留下社員自己和子女勉強存活的物質條件。經濟上的平調是隨意的，可以說農民是最大限度地受到剝奪。

那年這個公社，有二三十個社員得到確實的資訊，說在新疆可以自己開墾荒地，爭取吃飽飯，所以一起萬里奔波跑到新疆的石河子去了。這個行動違背了「四固定在生產隊，三十年不動」的規定。所謂四固定，首先是勞動力固定在生產隊不動。平時有工匠外出臨時打工，也要生產隊批准，並按收入上繳提成。去新疆真是千辛萬苦，不過是想爭取吃飽飯，這是對當時的處境感到沒有希望了。結果公安部門派人把他們追了回來，堅決執行社員不准流動的原則。由此可見社員人身自由是不存在的。

比一比就知道了，二三十年後，小崗村的十八戶農民寫血書，冒死爭取的是「交夠國家的，留夠集體的，剩下的能夠給自己」，爭取的是這樣一點可憐的分配權。在公社，社員是絲毫沒有分配權的，實際上是給多少吃多少。小崗村的農民「自己」終於開始出現。一個文學家寫到這兒，描寫農民全家老小，跪在小平像前感謝對「聯產承包制」的恩准。這就是始於建國後公社運動，中國農民命運的最概括的說明。不知什麼時候，我們可以從社會科學家那兒，看到農民經濟處境量化的資料。

暨比可以看一看，兩千年中國社會農村裡的情況。農民和地主之間是契約關係，租賃關係，合同關係。租不租是自由的。農民勤勞還有逐步致富的可能性，而且富不過三代，農村貧富是不斷重新洗牌的。豐收年景農民還可以享受到一點田園之樂。這種經濟關係有相對的合理性。據說這才是中國封建社會長期延續的根本原因。

按照馬克思的觀點，人的自由程度是衡量社會發展的標誌，那麼公社制度比之過去，社會是進步了還是倒退了，不是可以探討的嗎？

富之本人的生活也是一面歷史的鏡子。我和他生活在一起，看到他勤奮而廉潔，分配和農民一樣，生活水平和農民一樣，低得不可再低了，再低就活不下去了。隊裡規定一家只能養兩隻雞，他沒養第三隻。家裡零花錢就靠兩隻雞生蛋，用蛋到供銷社去換點東西。一個蛋，可以換一兩火油等三樣東西，以物易物，這是他家的主要商品活動。否則要割資本主義尾巴。據說農民中每時每刻都會自發地產生資本主義。所以，最高指示：教育農民是嚴重的問題。黨抓得很緊。孩子們穿的衣服，新三年舊三年縫縫補補再三年。富之和王書記都問過我一個問題：「聽說有一種的確涼，是什麼布？你見過嗎？」他們不知道，當時越南的軍隊已全部穿上了中國的「的確涼」。他們這些幹部都希望有個手錶，但是都沒有。上海牌手錶一百二十元，是他們購買力遠遠不及的。

富之領導下的生產隊，雖然是社員集體勞動，用的生產工具主要還是釘耙鋤頭。生產力的水平，生產工具是主要標誌。因此，當時單產和漢、唐無異，農民的生活絕不如唐的開元年間。那時人少，也沒有公社的三級所有。這種生產水平，一直到文革結束，我離開那裡的時候。

離開後，我住的幾間房子，生產隊作為羊圈，養了四十隻羊子。

離開那兒四十幾年了，歷史翻開了新的一頁，社會發生了根本的變化。每隔三五年，我都要回到那兒看看村裡變化的情況，作一點記錄。報社很客氣，總是以整版的篇幅，先後登了《我的板港村》、《再訪板港村》、《三訪板港村》、《春到板港村》。從這些題目也可以看到中國農村進入了新時代，已經實現了機械化，各種跡象表現出來，正在大踏步向城市化方向發展。

這個時候富之走了。但是有人還留戀文革，這令人不解。這是官僚經濟階層需要專制主義的政治理念和高度集中的政治制度。富之的一生，前後兩段分明。近些年他去上海打工了。他現在的家，是很漂亮的樓房。他如死而有知，肯定不會想再回到那肚子吃不飽，人被異化的前三十年了。

二〇一二年一月八日我們到富之家裡，向他和夫人寶銀的遺像鞠躬致敬，感謝他們當年對我們的關懷。鄉親們說：你看，富之的這張大照片還是你老人家照的呢。這是我們幾十年友誼的見證。

龍年正月初一（二〇一二年一月二十三日）我口述，女兒列印，老伴終校，共同完成此件，也算做到開門紅。只是匆匆草就，膚淺地點到問題而已。但公社化確是中國歷史進程中的一個大事。公社一度成為九百六十萬平方公里廣大國土上的政治體制和經濟體制。實踐證明它是加在億萬人民頭上的枷鎖。不僅日子越過越苦，由於飢餓造成的非正常死亡，以千萬計，創造了世界歷史上的新記錄。這是打著馬列主義的旗幟造成的。上世紀八〇年代，公社悄悄離開中華大地，對這樣重大的變革，報刊一字不提，輿論界不提一字，一陣風公社不見了，是羞於談及。好像歷史不曾發生過這件事，我們並不正視經驗教訓。「知恥近乎勇」，正視這個問題是要勇氣的。日子就糊著過吧，認為可維護著形象。但小平同志還是講了句真心話，「我們耽誤了二十年」。（見鄧選）

不論別人怎樣講，歷史老人是公正的。公社走了之後，村子裡家家有了餘糧。群眾說：同是一個天，同是一個地，同是一個太陽照，為什麼日子變了樣？

旅遊札記

虎門之行

四十多年前，住在北京時，不時徜徉在天安門前，那「人民英雄紀念碑」的幾句碑文，一開始就說：「紀念從一八四〇年以來……」那是周恩來的手跡。這一年，無疑是歷史的轉捩點。碑座四周的浮雕，第一幅即是《虎門銷煙》。那是劉開渠先生的作品。毛澤東也說過：「我們的民主革命，……從林則徐算起，一直革命了一百多年。」

鴉片戰爭，香港淪入英帝之手。在香港即將回歸的日子裡，我又憶起七八年前去虎門的情景。那是一個下午，風和日麗。在深圳街頭，看到對面來了一輛開往「太平」的中巴，招手跳了上去。那天，事先沒有去的打算，這全然是靈機一動。其實這個願望少說也有四五十年了。「太平」在粵江口的東側，在地圖上量一量，距深圳約二十四五公里，林則徐就是在那兒導演了反帝銷煙的歷史壯舉的。

汽車在瀰漫的塵土中顛簸前進。當時是一個工地。路不遠，沒想到如此艱巨。只有閉上眼睛，隨它去顛吧。這時，當年林則徐洋溢著愛國豪情的壯語穿越時空而來：他上書道光皇帝說：「鴉片不禁絕，數十年後，豈惟無可籌之餉，亦且無可用之兵。」奉命南來之後，他說：「鴉片一日未絕，本大臣一日不回，斷無中止之理！」在封建社會，「愛國」和「忠君」是同義詞，可是林則徐因禁煙反帝而被流放伊犁。他在西安告別家人有這樣的詩句：「苟利國家生死以，豈因禍福避趨之。」是說，只要有利國家，應置個人禍福生死於不顧的。他年已花甲，西出陽關，風塵萬里，當時覺得生還的可能大概是無望了……

車到太平縣，兩個多小時。去看鴉片戰爭紀念館。展館還在建設中。院子裡有四門大炮，一一安放在座臺上，倒也威武雄壯。院子的西南角就是兩個銷煙池了（據說仍是當年的舊址），各長闊十五丈、一尺多深，一端有出口涵洞，一端有進水渠道。還是在童年時，看到虎門銷煙的圖畫是狼煙大起，於是先入為主，認為鴉片是用火燒的。其實不然。林則徐曾考慮燒的方案，但是覺得不容易燒得乾淨，於是採用水池浸泡，然後倒入生石灰，這樣水池立即沸騰起來，鴉片銷毀得乾乾淨淨，再引水沖刷，流入大海，一點殘渣也沒有了。從《林則徐日記》中得知，為此，他事先撰文祭海神，通報此事，請水族暫避，以免也受鴉片之害。林篤信佛，但在字裡行間可見他反帝禁煙的決心和真心誠意的傳統道德觀念。銷煙進行了二十天，悉數銷毀鴉片近一百二十萬公斤。遙想當年，這曠古未有的盛事，使遠近山巒之上，歡呼雷動。林則徐特別發出告示，准許外國人到場參觀。英人義律認為煙被繳去，中國的銷煙頂多是做做樣子，官員必然會轉手去賣。因此林則徐銷煙的偉大壯舉，不僅體現了中國人民反帝的決心，而且一洗貪官污吏所加於中國的恥辱。

我請一位摩托車手送我去虎門炮臺。他說：「時間不早了，還有十多

虎門炮台

公里路。」我說：「難得來，還是請你送一趟吧。」我們在農村小道急馳，一路秋禾蔥蘢，蟬聲噪耳，只看到遠遠的山崗上有邊防軍的哨所。到達炮臺入口處，四顧寂然。售票員正要離開。他說：「工作人員早已下班了，你自己快些進去看看吧。」炮臺區之內有接待室，已經落鎖，平時要先聽講解，而後由導遊率領參觀。環顧左右，有許多士兵宿舍、望樓、軍械、軍火庫舊址……不及細看，就沿著坑道——戰時輸送彈藥的通道跑過去。這時夕陽下山，光線暗下來，坑道更覺幽深和陰冷。婉轉曲折而行，直到前沿。只見南北是一排十多個堡壘（炮室），一個個看過去，個別還有炮放在原處。順著炮口向外看，俯瞰江面，才發現這炮臺是踞於江口的懸崖之上，聽說炮的射程可以越過主航道，打到對岸，可是那古老的炮身不好旋轉。可能因此需要十多門炮一字排開。走過炮臺的最南端拾階而上，上有寬闊的平臺，這兒是臨近江口的制高點，前沿的前沿，眺望的好去處。

時已黃昏，天際留下一抹紅霞。粵江口外煙波浩淼。江心有小島，三兩船隻泊在遠處，微風吹拂下，此刻是一派安謐寧靜的氣氛。從自己進入炮臺區後，在昏暗中奔跑，有如進入了時間隧道。一百五十年前，林則徐、關天培站在這兒看到的也是這景觀嗎？趙丹再現林的風采，他舉起望遠鏡，看到的粵江口大約也是這個樣子，或可看到對岸也有一些炮臺，和虎門火網交叉成犄角之勢。關天培一手經營的防務，使帝國主義一時不敢來犯，只有移師北上。

英帝在北方得手。林則徐被清帝罷黜，後來在賣國賊琦善的掣肘下，有虎門之役的壯烈悲劇。這兒的守軍大部陣亡。關天培老將胸部中彈，一時居然雙目不閉，屹立如生。後來，林則徐給關天培贈匾，上書：「我不如你。」他以此通俗的語言，表達對他真摯的頌揚和出自肺腑的深情……

我正沈浸在歷史的氛圍中，忽然發現背後站著一個人，這叫我大吃一驚。定睛一看，原來是那位摩托車手悄悄尾隨來。他輕聲說了句「不早了」，催我歸去。

一九九六年

鐘警百代

——遊秦二世墓地有感

秦，二世而亡！

秦二世胡亥的墓在西安的南郊。過去它不過是一個不大的土堆，現在城市發展了，成了大雁塔景區的一個景點，建成不大不小的遺址公園。門前彩旗飄飄，景區內高低錯落，不多的建築頗為精緻。

胡亥這個亡國之君（西元前二三〇年——前二〇七年），去世時二十三歲。他對社會談不上貢獻，但後人卻忘不了他。因為他是歷史轉折的標誌。

「陵地遺址公園」過道的門上，當頭四個大字「曠古凝思」，就使人感到震撼！是說一代一代的人到了這兒都難免要認真地想一想。秦嬴自稱始皇帝，想子子孫孫萬世為君，可是為什麼輝煌的、大一統的帝國呼啦啦地倒塌了？這真是留給後人應該思考的問題。

所以，院子裡懸著一口大鐘，上邊有八個大字「鐘警百代，史鑒千秋」。另一門楣上更為明確地寫著：「覆舟之鑒」，真是再明確不過了。

歷代人在這裡留下他們的思考，觀點是一致的，那就是對秦王朝暴政的批判。有這樣一幅對聯：

當年國滅香殘，非獨亡秦歸二世
此日風潔月朗，唯獨故塚對千夫

說，現在這兒有秦二世的孤墳面對世人，其實，秦之亡不能歸罪於胡亥呀。為此後人哀之，而不鑒之，亡國之恨也不僅是一個秦二世呀。

另一對聯說得更具體：

此運可哀，此帝可哀，孤塚夕陽裡，未能絕千秋責怨。
其興也勃，其亡也忽，曲江碧水間，細思秦二世沈浮。

其實，這個歷史的教訓，司馬遷一語道破：「天下苦秦久矣！」秦始皇太殘暴了。修皇陵、築長城、焚書坑儒……嚴刑峻法……不顧老百姓呀！當時全國人口兩千萬左右，各種勞役動用三百萬以上，達到總人口的百分之十五，民不堪其苦，所以，貌似強大的秦「楚人一炬，可憐焦土」。

兩千年間，這已經成為中華民族的共識。

胡亥墓地前

豈料，當今之世，有了新解：所謂「曠古凝思」，思到哪兒去了呢？走了回頭路了。文革中，歷史上的帝王將相都是壞東西，唯有秦始皇為千古一帝，偉大之極。「勸君少罵秦始皇，焚坑之事要商量」。指郭沫若的《十批判書》，其中有對秦嬴的微詞。郭老惶惶然，立即檢討。在那個時代，誰還敢對秦始皇說個「不」字。毛澤東雄才大略，坦稱自己就是「馬克思加秦始皇」。這樣說來，作為大一統國家的專制者，在中國歷史上一前一後有兩個秦始皇了。兩千年，前後相照映。

毛澤東說：「百代都行秦政制」。這是真的。從秦時廢封建，實行了郡縣制，權在中央，「封官、建制、牧民。」不知為什麼還習慣地稱為「封建」、「半封建」。哪裡還是封建！不過是專制集權而已。（注：地主和佃農的關係，並不是封建關係，而是租賃關係，契約關係，合同關係。這是一個要撥亂返正的重大的理論概念）所以李慎之先生說：「我國的『傳統文化』豐富多彩，而『文化傳統』只有一個，那就是專制主義。」

歷代統治者在意識形態上又多依靠儒教、即尊孔以維穩。蒙族入主中原，滿族入關之後，無不朝拜孔子。他的「君臣父子之序」大有用。這使中國社會成了超級維穩的局面，難以走上現代文明。馬克思為此感歎：「中國真是活的化石。」

把對暴君秦嬴的批判，變成歌頌。這樣，秦二世遺址提出要思考的「覆舟之鑒」是多餘的了。所謂「鐘警百代，史鑒千秋」是無的放矢了。中華民族「曠古凝思」，從壞得很到好得很，是一個急轉彎。慘無人道、進行思想壟斷的焚書坑儒，也成了好事。何況是只坑了四百六十個儒嘛！不是太多，而是太少了。

這趟去西安，是看「世園會」（世界園藝博覽會），閒暇度日，本無意於發思古之幽情，去看什麼秦二世。沒有想到，沿著大唐文化底蘊豐厚的大雁塔景區走去，無意之中到達了一側的秦二世陵地了。無獨有偶，歸來又意外收到吳功正先生饋贈的《揚子江評論》。他賜閱大作《評長篇歷史小說〈大秦帝國〉》。看了叫我怵然而驚！小說是孫皓暉先生的大作。主旨在說明：大秦帝國的文明，是中國文明的「正源」。他繼續對秦皇大肆頌揚、大加肯定。什麼「覆舟之鑒」當然不存在了。這不是意在認同和強化殘暴的專制主義文化傳統嗎？

嚴重性在於這樣歌頌專制、暴政的作品，得到「五個一工獎」。且《文學報》連篇累牘，強力宣揚，給這樣的作品以特殊的優遇。試圖以此形成中國社會意識形態的主流。

這當然不是偶然的。雖然民主法制是國人的訴求，但專制主義也是某些階層的需要，更有人留戀「文革」那失去的天堂。政治鬥爭的磨合是必然反應在意識形態領域的，一點也不奇怪。所以，秦皇的幽靈不散，它仍在中華大地上徘徊。

吳功正先生的文章，條分縷析地作了批駁，實一宏文。他說：「孫先生認為中國文化的正中源頭，不是別的，而是秦。聞所未聞，大開眼界！之前的史前文明算不算正源？史前的周文明、諸子百家算不算正源？只有到了秦，特別是秦帝國才是。大謬不然！這

警鐘

印證了一句話：「偏見比無知離真理更遠」！

我注意到陳遼先生的文章，他對中國文明史，細緻地作了梳理，指出：「所謂大秦帝國在中國歷史上只活了十五年，是個短命王朝。揆諸前後的文明史，大秦帝國不可能是中國文明史的正源。」他詳加說明，大秦帝國的文明，負面效應是主要的。「它是導致民眾大量死亡的暴政文明；它是嚴刑峻法、律條繁苛，與民對立的君本位文明；它是在肉體上消滅異己的知識份子，仇視法家以外各家的霸道文明……特別是在倡導以民為本、和平崛起、和諧發展、以和為貴的今天，更是和當代文明背離的。孫皓暉先生不顧時間和實踐的檢驗，仍在對秦始皇文明大唱讚歌，大錯特錯！」

想不到最近這一話題成為熱點。對孫著，有義憤貶之者，也有熱情褒之者。一時成為意識形態領域亮麗的風景線。所謂亮麗，說明不是思想壟斷，不是一家之言，切磋研討始有進步。說明大秦文明「以斧鋸鼎鑊待天下之士」的時代已經過去了，社會終於還是有了進步。

秦二世陵地這兒的警鐘無疑當會百代千秋長鳴！

我們民族的良知不會泯滅，人們面對這胡亥遺址，當會曠古凝思，起碼會維護政治倫理的底線和道德的常識吧。

二〇〇五年

走過台兒莊

徐州週邊，魯南地區小小的台兒莊，卻是大大的有名！還是在我年輕時，它就是我心靈上的豐碑，因為壯烈的民族情懷，在這兒為史冊寫下了閃光的篇章。

二〇〇一年五月，應邀去徐州會審一部書稿，討論三天。然後去臨沂探親，看望弟弟德潛。二十六日他用一天的時間陪我去了孟良崮。次日，又向西驅車兩個小時，前往台兒莊，現在談起來，這兩個地方都是魯南的「古戰場」了。

不過，歷史的腳步是從「台兒莊」，然後到「孟良崮」的，先是抵禦外侮，而後是國人自己的搏鬥。廖承志代表黨和政府曾有致蔣經國書，其中有「歷盡劫波兄弟在，相逢一笑泯恩仇」之句。稱兄道弟起來了。這封信曾刊登在全國所有報紙的第一版。我們希望能有「第三次國共合作」，國家早一點統一。

我們先看了「孟良崮」，回過頭去再看「台兒莊」，難免叫人有更多一點的感概。

一向認為貧困的魯南地區，經濟建設在迅速發展。本覺此行哪裡還能看到什麼「古戰場」呢？其實不然。

首先看到的是巍峨壯觀的「台兒莊大戰紀念館」，這已是大出所料了。各個展廳系統地介紹了戰役的全過程。最後，通過螺旋形的樓梯登上塔頂，多少層？也無從說起了。在高塔之巔，向三百六十度全方向望去，我吃驚地看到當年台兒莊「古戰場」的全景。顯然是運用了現代科技的手段，可以由近及遠，看到遼闊的空間：戰火紛飛，硝煙四起，屍體遍野。細看遠處的村莊，是斷牆殘壁，也燃燒著未盡的餘焰。一些戰壕裡，戰士們仍在戰鬥，所餘不多了。天空有飛機在盤旋、在俯衝。特別是那音響，使人如置身在當年戰地之中了。

瞭望四野，驚心動魄，不由想起童年讀過的《弔古戰場文》，那是唐朝李華的作品：「屍填巨港之岸，血滿長城之窟，無貴無賤，同為枯骨……白刃交兮寶刀折，兩軍蹙兮生死決。誰無父母？畏其不壽。誰無兄弟？如足如手。誰無夫婦？如賓如友……其存其歿，家莫聞知……」作者是說戰爭的殘酷，那是一個殺人的機器呀！最後作者感歎：「為之奈何！」

是的，戰爭的確是殘酷的。那悲壯、淒涼、慘不忍睹的景象就在眼前呀。在生物鏈中，「同類自殘」，是「人」這種生物的特點嗎？不是唯一的，肯定也是最突出的了。戰爭亙古不斷！但是，一點辦法也沒有。我們不能一般的反戰，因為戰爭有性質的區別。

老伴說：「應該叫日本人來看看！」

我說：「最近那些日本的右派勢力有謬論，說：『戰爭總是要死人的，我們關東軍許多萬被蘇聯擄去，大量死在西伯利亞。』他們以此為南京大屠殺辯解。這是強盜邏輯！這能證明日軍沒有侵略，能說明對中國人民的屠殺是難免的、應該的嗎！」

「台兒莊」並不是在日本！

一九三八年二三月間的台兒莊之役，粉碎了日寇「三個月消滅中國」的狂言。我們消滅了敵板桓、磯谷兩個精銳師團的一萬一千九百八十四人（居然統計到了個位，是引用日本承認的數字嗎？我在日本看到各縣戰歿人數都統計到個位，包括廣島被原子彈炸亡的人數。）紀念館的材料稱，我們犧牲三萬人，這是概數。台兒莊之戰後，戰況不斷運動，戰線迅速變化，精確統計傷亡人數是不容易的。當時的情況，的確告訴我們，中日兩軍在裝備和素質上差距很大。

日寇在台兒莊受挫之後，瘋狂反撲，進一步攻打徐州。我的家鄉蕭縣，在徐州之西五十華里。縣長組織抵抗。破城之後，日寇見人就殺，全城沒有一個人活下來。史冊稱殺了三千多人。居民大多及時逃亡了，包括我家的全家西行，開始了多年的流亡生活。這是故鄉歷史上的最大劫難。按人口的比例，日寇在這兒的兇殘超過了南京大屠殺了。

我們怎能不注意到，日本文部省印發的教科書，把「侵略」中國（當然還有東南亞許多國家）改寫成「進入」中國。

我們怎能不注意到，有良心的史東郎先生公佈侵華戰爭日記，居然被控告，居然敗訴。

我們怎能不注意到，「靖國神社」裡的戰爭販子東條英機、山本五十六……仍被尊為「英雄」。政府首腦前去參拜。當年的鬼子兵，今天在靖國神社何其囂張！他們再著戎裝，三軍列隊，高舉軍旗，高呼口號，不可一世！大唱《滿洲軍歌》，還有《徐州軍歌》。歌詞是：

徐州、徐州、兵馬向著徐州。
徐州是易攻，徐州是易守？
這樣的問題不去想它，
我們為了國家的利益……

顯然，他們並沒有忘記在台兒莊的血戰。今天的日本，和德國完全相反，法西斯右派仍然居於社會的主流。

「怎麼！二十一世紀日本人還要與中國人再打一戰嗎？」既然一些日本鬼子不認帳、不悔過，「台兒莊大戰紀念館」作為一個愛國主義的教育基地，的確應該大大提高它的地位，增加它的知名度了。

我在紀念館意外地看到一個紀錄片，它再現了當時的戰地風光。這種記實的歷史片實在是太寶貴了。我有點懷疑，問：「這是現場真的記錄嗎？」講解員說：「是的。」告訴我是伊文斯拍的。這個名字一說，喚起了我不應該忘卻的記憶。當年他冒著槍林彈雨，拍下日

台兒莊大戰紀念館

寇的殘暴和我軍浴血奮戰的場面。他是一個外國人，從荷蘭跑了來，支持中國人民的抗日戰爭，後把所拍的影片在各國放映，把所得又支持給中國人民，還特別向延安贈送了攝影器材。

還有波蘭人愛波斯坦，他深入前線採訪，寫下了《人民之戰》一書，對台兒莊戰役作了全景式的介紹。我們不應該忘記這些偉大的國際主義戰士，中國人民的真誠朋友。

從「孟良崮」到「台兒莊」，是回顧往事了，是回到了抗日戰爭「國共第二次合作」的時候，談不到「蜜月」，談一點「友誼」和「舊情」還是有益的。

外敵入侵，山河破碎，「友誼」的基礎是要共同保衛祖國。

我在大廳裡，首先看到台兒莊戰役總指揮李宗仁先生的照片。「怎麼該是他呢？」我從來沒有想到過這個問題。他和白崇禧是桂系，和蔣是有前嫌的。日寇到來，他居然挺身而出，到北方第一線來，擔當殺敵的重任了。晚年，他從國外歸來，看到我國防部長張愛萍，說：「好面熟呀！」張說：「你是大總統，貴人多忘事呀！」原來，在台兒莊戰役中，張愛萍奉周恩來之命，去前線找李進一步落實戰略部署。其實，在武漢，蔣介石出發到台兒莊前線之前，已命白崇禧專程訪問了周恩來，共同研究作戰的方針。周提出「陣地戰」和「運動戰」相結合的具體意見。後周叫張再去前線與李直接談談，以示對大局的關懷和進一步統一思想。張愛萍當時二十八歲，英俊瀟灑，當他站在李宗仁面前時，李不禁說：「周公麾下多俊傑！」數十年後再見，李不禁又說：「你也為台兒莊戰役立了大功呀！」

在大廳裡，我當然看到了王仲廉、李仙洲這兩位軍事將領的照片，特別注意到他們擔當的任務和戰鬥的經歷。我不能不緬懷這兩位先生。當時，他們在抗日前線，一面作戰，一面援救從日偽佔領區逃出來的學生，辦了不斷轉移的學校，都收容到二三千人。後來，這些學校交給重慶教育部直接管理，形成戰時二十三個國立中學的系列。我上過他們辦的學校，和同學們一起穿過戰線，負笈千里。解放後李仙洲對周總理講過：「我有一個過錯，我跟共產黨爭奪青年一代了……」周總理說：「不，這是你立了一個大功勞，你拯救了大批淪陷區的青年，為國家培養了大批有用之材！」

在台兒莊戰役中，最不可忘記的是張自忠將軍。在敵人的火力下，龐炳勳部不支時，他以民族大義為重，不計前嫌（張和龐當年都是馮玉祥的部下，在分家時，龐曾攻擊張，使張險些喪命）全力相助。在臨沂之戰（台兒莊戰役的序幕）中，他親臨第一線，殲敵四千人，而他的所部最為英勇而壯烈，犧牲萬人以上。他後來在鄂西北戰役中壯烈犧牲。其英烈精神，感動國人。延安我黨的許多領導同志，發出了深情的唁電，表示對他的崇敬。後北京鐵獅子胡同改名為「張自忠路」。如此紀念一個民族戰爭中的先烈，也是少有的。

看了「台兒莊」，難免想到五個月之前的「平型關」戰役。我軍經過長征，一九三六年到達延安。一九三七年全面抗日戰爭就爆發了。一九三七年九月，我軍即開始東渡黃河，介入抗日前線——晉北戰役的側翼。晉北戰場的總指揮是衛立煌將軍。平型關一仗，我軍殲敵一千多人。首戰告捷，影響巨大。衛立煌高度讚揚八路軍的英勇善戰。衛立煌的戰區司令部在洛陽，朱德同志不時前去研究軍務。一九三九年到一九四二年我在洛陽住三年多，雖還是小學生，也一直感受到那個城市國共合作的氣氛。衛立煌晚年歸來，可能想到當年的舊情吧。

八年抗戰之後，又有四年內戰，不可否認兵戎相見，血戰沙場，談及往事，沒有好話說了。歷史學界當然也是「階級鬥爭的一翼」。相互貶損，致使「漁人得利」。中國抗日戰爭在世界反法西斯戰爭史上，一時有些黯然失色了。

為了實話實說，來看看「台兒莊大戰紀念館」是有益的。我們畢竟建立了這雄偉的紀念館。畢竟拍攝了反映正面戰爭事蹟的《血戰台兒莊》這樣的影片。當然，要還歷史的真面目，還有不少工作要做。在徐州討論的那本五十萬字的書，恰是涉及抗日戰爭的回憶。海峽兩岸同胞，在書中重聚，字裡行間是心靈的擁抱，共同回憶當年團結禦侮的親情、鄉情、友情，反映出團結統一的共同心聲。編者在《序言》中說：「這是炎黃子孫民族凝聚力的體現，這是歷史必然趨勢最深層的社會基礎。」

解放之後，我長期是一個「報人」。印象深的是戰時國民黨在重慶迫害我們的報童。這是事實。但主要方面，我們的《新華日報》和國民黨的《中央日報》版面一樣大，在國民黨的戰時首都同時出版，發行全國，如此多年。雖然有說不完的矛盾和不快，但這體現了那個時代國共合作的格局。

「台兒莊大戰紀念館」反映了壯烈的民族豪情，海峽兩岸的同胞們，都來看看，以緬懷那些為民族犧牲的英雄們，回憶在保衛祖國的旗幟下，曾經有過的戰鬥友誼。日本人最好也來看看，看看日軍在這兒曾幹了些什麼！

二〇〇一年六月

登上孟良崮

久仰孟良崮。二〇〇一年五月二十五日，我終於登上這一高地的山巔。汽車已經可以開到山腰。到山巔還有一段路，路是越走越陡了。「你能行嗎？」德潛弟擔心我上不去，有勸阻之意。「不到黃河心不死！」老伴是揶揄的語調。不上去，真是要留下遺憾了，於是我勉力而行。沂蒙山區石頭多，路是用不大的石塊鋪的，可能走的人多了，每塊石頭都很滑。和城裡的樓層比，我們不知爬了多少層了，終於還是爬上了這個戰時所謂的「六〇〇」高地。

「英雄孟良崮」是沂蒙山區的象徵。一九四七年五月，我華東野戰軍在陳毅、粟裕的指揮下，以「百萬軍中取上將軍首級」的英雄氣概，一舉殲滅了國民黨的王牌第七十四師，擊斃師長張靈甫，殲敵三萬多人，在這兒扭轉了華東的戰局。

這山的極頂，在巨石嶙峋之中，整理出一個平壩。平壩之中豎起了一個「孟良崮戰役紀念碑」。這紀念碑是三塊刀狀板組成，是「三把刺刀」坐落在一個三角形的基座上。據說，最高的刺刀象徵我主力部隊，兩個略低的刺刀象徵地方部隊和民兵。基座呈步槍槍托狀，四周有松柏和鮮花簇擁著。紀念碑的形體高大，在這平壩之上的近距離是無法與其合影的。

紀念碑的三面，分別是胡耀邦、陳毅、粟裕的題詞。環繞紀念碑走一圈，瞻仰他們的題詞，同時瞭望四周的原野。附近沒有與之比肩的山巒，所以它有高聳之勢。一些老同志，閒話當年，常常談到山東戰場的情況（建制、兩軍的態勢和部隊的運動，更有自己的親身經歷），少不了談到孟良崮的。所以，對這兒我是心儀已久矣！

鞠九江同志敘述盛政權同志奉陶勇司令之命，緊急行動查找張靈甫的屍體，並進行驗屍時說：當年，夜幕中，烏雲密佈，漫山遍野到處是彈坑、死屍、馬屍。山路崎嶇，舉步難行，有些地段要匍匐前進，走在屍體群中，稍不慎就踩著人頭手臂，心裡毛悚悚的……越到光禿禿的山頂，屍體越多了……

半個多世紀過去，山不再是「光禿禿」，現在林木已拱，松柏蒼蒼，是日惠風和暢，眼前是一幅大好的自然風光。那些逝去的人和戰馬，早退到歷史的深處去了。在山巔之側，看到一巨石，呈凹形，上書：「擊斃張靈甫處」字樣。當時驗屍證明，是遠距離兩發步槍射中他胸部的。他的死，首先大大振動了當時的首都南京。因為七十四師是蔣的心頭肉。全部美式裝備的所謂「精銳之師」，全師覆沒，如何交代？於是傳出：「在陣地上相率自戮者，計有師長張靈甫等高級將領二十餘人，悲慘壯烈！」以此謊言，欺騙國人，聊以自慰。還在南京玄武湖公園裡，給張靈甫建了一個墓，豎了碑。可見蔣對他的厚愛。在後來的年代裡，這個空無實物的墳，不知什麼時候消失了……

山徑上，不少農民設攤出售紀念品，不知為什麼這天遊客少，都期盼我們買一點。盛情難卻，我還是買了一塊玉石，下有紅木托著，上邊白色是天空，中間一帶起伏的山巒，如同沂蒙山區在雲霧之中。老伴說：「可惜沒有『孟良崮紀念』字樣。」「寫上字是給別人看的，自己留作紀念，不寫也一樣。」我對折還價——這是近年學到的知識，七折成交，十分滿意。一些攤位的朋友，還盯著叫買。我還想買一點。老伴說：「不買，不買，怎麼背得動！」我也沒說什麼。不料此事驚動了對面幾個攤位的大嫂和老太。她們笑起來，一位老太說：「看得出，還是老太太當家呀！」我說：「說得不錯！孟良崮一仗，婦女翻身得解放……我是有錢不能花，一點沒辦法！」我說著玩，她們笑得更凶了。

山腳下，有「孟良崮戰役紀念館」，正面有陳毅和粟裕的巨幅塑像，兩側有碑廊，有大炮和坦克的陳列，氣氛莊嚴肅穆。細聽講解員講述戰鬥經過。「一將功成萬骨朽！」任何戰爭都是如此。因此，應緬懷的還有千萬名無名英雄，山東送子參軍的老大娘；車輪滾滾送公糧，送到淮海戰役前線，送過長江去的山東老大爺……

從紀念館通向後邊的紀念亭，有寬闊的甬道，中間有一個小花壇，壇中有一個矮矮的石碑，上書：「粟裕同志骨灰灑放處」。這是一個叫人動情的地方。在而後參觀的過程中，粟裕同志的英靈，在我心中不能離去，以致別的還看到什麼，全不經心，全無記憶了。粟裕同志不僅有高超的軍事才能，這在蘇北戰場和山東戰場體現出來，而且有高尚的人格魅力。他無私無畏，「職位」一再謙讓。在豫東戰役他從實際出發，勇敢地提出與領導不同的戰略方針。「將在外君命有所不從！」這是應有之義，因為應該「唯實」。但，提出不同意見，難免引起不快。不能說他是一個「悲劇人物」。但是，他一直處在不應發生，而又難免發生的境遇中，使人感到惋惜。

在紀念館前，即要登車返程時，看到三位老農，帶著一樣的草帽，蹲在路邊，促膝談天。他們面部的缺刻，記錄著沂蒙地區走過的風雨歷程，叫人想起那幅有名的油畫《父親》。他們在談什麼？談今天農民的負擔，還是遙遠的往事？我沒能接近他們，車子迅速上路了。

我無法不想到他們年輕時的理想。土地是他們生命的依託。正是因為土改，使他們看到來了「大救星」……億萬農民迸發出來革命積極性——「翻身打老蔣，解放全中國」，以保衛土改的勝利果實。這是解放戰爭勝利的社會根源，和歷史上那些農民運動一樣，直接目的是「均貧富」引發農民戰爭。

行文至此，正在紀念黨成立八十周年，中央電視臺播出政論性系列片《使命》，是講黨八十年各方面的成績，其中農民問題，重點談了土改給農民帶來的喜悅，有垂垂老矣的農民，還珍藏著發黃了的「土地證」呢！說明農民曾經有了土地的「所有權」。可是，作者陳晉先生接著談二十多年後的小崗村，那是十八個農民蓋血手印，要求實行聯產承包制的土地「使用權」。這啟動了農村改革的大潮。對「合作化」、「大躍進」、「公社化」，農民自我土地喪失過程全部略去。

一位參加過「孟良崮戰役」的老同志，對此喟然長歎：「歷史道路真是曲折啊！合作化就是怕出現貧富分化。誰能想到今天還需要一個『讓一部分人先富起來』的過程。」

社會發展的客觀規律不以人的意志為轉移，它和人類的「道德理想」不是同步的。仔細想想，亙古至今，從來如此！每當經濟基礎變化，導致生產力迅猛發展。而道德理想的實現，總是滯後的。今天沂蒙地區已是一派新氣象了。「後來居上」。這不僅是希望，出人意料，已經成為現實了。

二〇〇一年六月

母親河的詠歎

黃河，中華民族的搖籃。經典名曲《黃河大合唱》中有《黃河頌》，高亢亮麗；有《黃河怨》，哀婉悽楚。這是那個時代的聲音。從那時起，六七十年過去了，我們是否應該聽聽黃河——我們中華民族母親河這些年的心聲呢？

一

二〇〇二年春夏之交，過鄭州，去了北郊的「黃河景區」。這一帶，山不高而雅秀，有蔥蘢的林木，陡峭的懸崖，是黃河中下游之間的分界處。登高遠眺，東望遼闊無垠。毛澤東當年視察黃河來此，故塑有聳立的巨像，當地農民敬香膜拜。我拍下一張照片。日後看看，覺得發人深思。因為主席來過，農民視為聖地。說：人傑地靈「做氣功，是會立即發功的」。二三十人在做，許多人說靈驗，這是群體效應。動員參加，我沒有異樣的感覺。所謂「誠則靈」，不靈證明「不誠」，這在邏輯上又是成立的。我們這個民族似不可一日無君。

毛澤東當年居於神君之位，發出「一定要根治黃河」的偉大號召，這既是對國人的動員，也是自己的承諾。當時這是多麼鼓舞人心的美好願望啊！

而後的幾十年中，黃河的治理工作給我們帶來什麼消息？

二

所謂「三綱治天下」：「以糧為綱、以鋼為綱，以階級鬥爭為綱」。以糧為綱，毀林造田。使水土流失更為嚴重，給治黃河工作造成不良後果。西北黃土高原，荒涼貧瘠！這叫人感到奇怪，如此荒涼，母親河如何能哺育出偉大的中華民族的呢？及到黃帝陵一看，恍然大悟，這兒古木參天，巨木合抱，許多是數百年了，不是一棵兩棵，而是成片的簇擁著黃陵，說明這兒的水土條件良好，過去的自然狀態一定是林木繁茂的。原來是良好的生態環境，被我們這些不肖的子孫人為的破壞了。一位農學院的教授說：「大躍進、公社化、大煉鋼鐵、以糧為綱、毀林造田……這些運動是群眾性的砍伐，林木的破壞超過歷代王朝的總和。」黨的十一屆三中全會後，否定「兩個凡是」，這是一次民族的大覺醒。於是否定「以糧為綱」，重又退耕還林，禁牧還草。這個二十多年，綠化有成績，雖然樹還不大，山野已被綠色覆蓋。這是我們民族從愚昧聰明起來的證明。

今天，我們走在陝北的「原」上（稱高崗上的平臺為原），到邊緣，放眼望去，千山萬壑，被雨水刻成條條深深的溝渠。大量西北豐腴的黃土被沖去東方，送入大海，或在中途沈澱……

今天，嚴重的水土流失還在繼續。每天看央視「聯播節目」，前曲響起，即可看到黃河壺口瀑布那滾滾的濁浪。一杯黃河水，半杯是黃泥！水土流失，定格於此，觸目驚心！在開封等城市，黃河已是懸河。相比之下，貴州黃果樹瀑布的水是清的。

毀林造田的局面，三五十年難以挽回，何況攜帶著泥沙的黃河水「奔流到海不復回」！

三

三門峽攔河大壩的修復，是治黃的又一關鍵措施。這是我國治水最早的一個大壩。一是有蘇聯專家的瞎指揮；二是對正確方案沒有聽取的雅量。提不同意見的人被打入另冊，備受迫害，因此給黃河造成嚴重的後果。

渭河，二〇〇三年水情並不很嚴重，卻造成五十年未遇的大災，受災人口達五百一十五萬人，農田一千零八十萬畝，直接損失八十二點九億元。關中的農民無人不知道這是「三門峽大壩」之過。水利部副部長索麗生博士考察渭河之後說：「三門峽水庫建成後，是以犧牲庫區和渭河流域利益為代價的，渭河變成了懸河了。（淤積高過兩岸）」水利界的泰斗級人物張光斗，甚至前水利部部長錢正英也只好參加聯名呼籲：「三門峽水庫應立即停止蓄水，放棄發電。」

陳剛撰文，寫《沈重的三門峽話題》，說：終於公開宣佈了大壩工程的失敗。大自然撕去了遮羞布，有關決策者和某些專家應該反思、蘇醒，應該恢復良知了。教訓在哪裡呢？一九五七年四月十三日，三門峽工程破土動工。工程是中央委託蘇聯專家設計的，他們保證黃河再無洪水之患，攔蓄上游攜帶的全部泥沙，下泄清水，實現清河之夢！調節水量，裝機九十萬千瓦，年發電四十六億度等等。這將是中國水利建設的里程碑呀！

黃炎培先生的兒子，美國水利專家黃萬里回國，針對這一設計，提出意見：築壩雖有調節水量的有利一面，但必然破壞泥沙的自然運行，這會造成歷史性的嚴重後果。他一再上書，說這將造成上游（包括渭河）的淤積。他的基本觀點是：世上沒有無沙之河，坡面上的泥沙應儘量保持，但水中的泥沙應順其自然，隨波逐流……否則泥沙淤積，大壩何以恒久！到廢棄之時，壩體堆積，豈不又是難題。他是原則上反對在幹流上構築大壩的。

根據自然規律，古人治水早有經驗，夏禹和其父鯀在治水上「疏」和「堵」的分歧早是人所共知的故事。它說明樸素的真理，可是今天不再顧及了，因為想到的是近期諸多效益，而且「人定勝天」，主觀認為何事不可為！

這個水庫淹沒農田二百零七萬畝，移民六十萬。泥沙淤積，計算下來，水庫的壽命只有三十年。可是黃河水利委員會的負責人卻保證三百年。這當然是天方夜譚。根據是什麼？說通過植樹造林，到一九六七年上游來沙量可以減少百分之五十。水庫運行一百五十年後，則為百分之百。這是在想像之中水變清了。而事實上不是植樹，而是毀林，泥沙不是減少，而是在增加。

年輕的技術員溫善章在開工之後舉行的討論會上，仍然力爭「低壩小庫」。他對土地資源進行了分析：關中一帶是棉花、小麥產地，是西北經濟文化中心，是華夏古文明的發源地，地下有大量文物，高壩比低壩發電量多四十五億度，為之增加七十多萬移民，和多淹沒兩百五十萬畝良田，這相當於多發一千瓦電，多移一個人，多淹三畝地。這是有說服力的意見，但未採納。

相反，報刊上開始對黃萬里進行批判，不久被戴上「右派」的帽子。因為他的意見有違「上諭」。到廬山上批判彭德懷時，毛澤東還說：「你和黃萬里一樣有反骨！」

在黃萬里被押出批判會場時，他最後為黃河哀求說：「大壩非修不可的話，也要在庫底留出足夠的泄水洞，以免覺悟到需要刷沙時，重新再開。」一九六〇年十一月至一九六一年六月，工程按蘇聯專家設計，大壩十二個導流底孔，居然用混凝土堵塞。一九六七年以後，發現大事不好，果如萬里先生所料，於是再以每孔一千萬元的代價重新打開。

黃萬里的右派帽子和「欽旨」有關，直到一九七八年才在清華大學最後一個脫掉。

教訓不僅在水利工程的設計，不僅是水利工作，而是應追溯到黃萬里的父親黃培炎和毛澤東的那有名的「窯洞對」。當時毛答黃培炎，說發揚「民主」可以避開「其興也勃焉，其亡也忽焉」的規律。黃培炎大受鼓舞，可是他沒有想到，這兒談的「民主」，只是「民主作風」，不涉「民主制度」。「作風」可以因人而異，也可以朝秦暮楚，隨機變化，是靠不住的。民主制度化才是可靠的。

事情恰恰延續到他的兒子身上，這給我們留下一個發人深思的、完整的、典型的歷史故事。

四

發表在《作家文摘》和《中華讀書會》上的徐剛文章，說得太沈重了：「……正是因為三門峽工程的失誤，及這失誤的長期被掩飾，導致中國水利沿著高壩大庫的思路越走越遠。也因為三門峽工程的不同意見被扼殺，導致了中國水利界的一意孤行，一往無前的築高壩、修大庫。」

對這個問題，我們自然地從黃河又想到了長江。長江實際上也是母親河。李銳一生和三峽結下了不解之緣。在五十多年前的南寧會議上，周總理向毛主席報告有不同意見，毛說：「那就把雙方請來當面談談。」於是一部專機把李銳接到南寧。

這樣有了一場著名的「御前辯論」。

主席當然是持「正方」意見的。大躍進他心雄萬夫，多麼希望早些看到「高峽出平湖」的偉大功業。由於李銳的雄辯，他居然懸崖勒馬，急轉彎了。

大會上，毛說：「李銳同志坐到前面來，我要感謝你呀。」並指定李銳做他的秘書。領袖的垂青，朝中之人，一時無不稱羨。可是，「禍兮福之所倚，福兮禍之所伏。」這是後話。

文革期間，李銳在押。葛洲壩又上馬了，這是主席在生日乘興決定了的。由於倉促，中途停工。周總理忠心耿耿，善其後，不免感慨。他問：「李銳現在在哪裡？」「在押。」「叫他出來，提提意見，也是工作嘛。」他又說：「當年他就是反對在長江主航道上築大壩的呀。」

因為是在「文革」，總理的意見沒有起到作用，但證實李銳仍然活著，這對家人是個安慰。八十年代後期，三峽工程論證期間，黃萬里曾兩次造訪李銳家。他談到三十年代親自勘察四川各水系，瞭解推移質（河床卵石）流動情況。如水庫建成，庫尾重慶港將淤塞。仍然認為三峽決不可修。

李銳知道決定「三峽」上馬時，先後四次上書，試圖力挽狂瀾，像五十年前在毛澤東面前一樣，可是時過境遷，辦不到了。李老曾對我說：「只有中國能做這樣的事。」對這句話他沒有解釋，我也不再去問。但我理解，他是說「窮國、小國沒有力量幹，有民主機制的國家也不可能做出這樣的決定。」

三峽工程上馬多年之後，二〇〇三年九月《同舟共進》，發表了林祥榮先生的文章《關注三峽工程的不同聲音》。他指出當年堅持三峽上馬，似打了包票的人又說不同的話了。一位工程領導小組的負責人說：「還沒有把握。」水利部部長錢正英忽然說：「雖然開工了，原論證究竟行不行，還要經過考驗。」四年後的今天，總工程師潘家錚又說：「還不能做結論」的話。均見諸他們近期的文章。真是發人深思，叫人驚心動魄！

三峽大壩高一百八十米，這如同一柄利劍高懸，如果發生戰爭，如果發生地震，如何得了！難怪國防部長張愛萍堅決反對。二〇〇〇年七月，我收到李老函。他說去看了三峽工地，寫了幾首詩。詩意深沈悲壯。竊自以為是重要的史料，故錄之於此處。

三峽工程之行　二〇〇二年五月十六日——十八日

橫空出世史超前，高峽平湖現眼邊。
但願無憂更無愁，巫山神女總開顏。

南寧四十四年前，木已成舟獨自憐。
黃老曾經調侃甚，彌留時節夢魂牽。

就地重來廿二年，分明非夢亦非煙。
大江東去浪淘盡，千古風流忠與奸。

李銳老的詩是說，黃萬里彌留時仍上書直言，力陳在主航道上修壩的危險性。二〇〇一年八月八日，黃自知不起，仍牽掛著長江的防洪工程。他最後寫出這樣幾句話：「治江原是國家大事，「蓄」、「攔」、「疏」及「抗」之策中，各段仍以堤防「攔」為主。長江漢口段力求堤固，堤面臨水面，宜打鋼板鋼樁，背面宜石砌，已策萬全，盼注意、注意！萬里遺囑，二〇〇一年八月八日手筆候存。」

黃萬里至死心繫祖國山河，赤誠之情，感天地，泣鬼神！

李銳老一直也是這種觀點和感情。曉夢同志所著《李銳其人》一書中，記述了這樣的細節：李銳對自己的外孫女說過：「我看不到三峽建成後將來的情況了，但你會看到。你要記住，你的外公對三峽工程是反對的，是反對到底的。你應該為他感到驕傲！」真是一個倔強、韌性的老人。

治水方針大計的是非曲直，在黃河上的情況，歷史已經做出結論。難道在長江上仍然會做出這樣的結論嗎？上帝保佑，但願不會如此！

總之，毛澤東已經作古，黃炎培、黃萬里父子也已經逝去，但在人生的舞臺上，他們留下的故事發人深省。我們這些母親河的兒女們，應該從中吸取怎樣的教益呢？

二〇〇三年十月

漫步南通濠濱兩公里

《南通窗》雜誌主編嘉祥先生約稿，這是一個向海內外南通人談家鄉情況的雜誌，因此寫了這一短文。

多年間，有外地朋友來南通，我伴遊，常先陪他們到濠河岸邊走走，讓他們看看南通的景觀和文化底蘊。去年有兩位長者從北京前來，他們已在耄耋之後，我問：「步行一公里可以嗎？」他們說：「兩公里也可以。」這太好。

我說：「看南通的景點，可以從這個視窗開始。我家住在東西兩個主幹道的中心地帶，窗下就是一條大河，是推窗聽鳥語，憑欄看水來。」他們說：「有人在釣魚嘛。」我說：「常年有人釣，可見有魚，這說明生態；允許釣，這說明環境，這樣的城市不多。」

我們沿著河邊走走。告訴他們這條河本來是通向海門、啟東的主航道，幾十年前這兒運糧運棉花的船往來穿梭啊，現在因為汽車快捷，它也退二線了。河邊還有一些歪斜著的水泥樁子，這是一個個歷史見證，是當年拴纜繩用的。

他們忽在河邊站住，遙指南岸，那裡有圓形的水車和一些低矮的茅屋。我介紹說：「這是『城市中的農村』，保留著一百年前這兒農村真實的風光，如今是博物館的一角。沿濠河，南通的博物館很多啊。」西側就是紡織博物館，它記錄著始於黃道婆的紡織業發展史的全過程，裡邊還有古老南通的雛形。

再向西百米左右，到了文峰公園的門口了，回頭駐足仰望亭亭而立的文峰塔。我介紹說：「黨的十三大前夕，耀邦同志到南通來，在更俗劇場作報告，給全省的縣委書記們講：南通的塔四六八（支雲塔四角形，文峰塔六角形，光孝塔八角形），是南通歷史的見證，你們都可以去看看。」最年輕的文峰塔也已經三百年了。耀邦同志那次來南通，是他政治生涯的最後階段了，他對南通有深情，給我們很多的教益和很大的鼓舞。在場有一位老同志是長期在耀邦同志身邊工作的。

再向前走到了三元橋頭，在這裡可開始看到河港交錯，水路四通八達了。西南角的濠河之濱有鄒韜奮塑像，像下的基座上鐫刻著毛澤東的題詞，對他去世前申請入黨引為黨的光榮。他是一個傑出的文化人。有人問：「他不是南通人呀，他怎麼在這兒？」我說：「建國前，他從香港千回百折來到了南通解放區，進行考察和講學，這裡是他生命的最後驛站。南通人民懷念他。」

從一側的啟秀橋，向北百米左右，即到怡橋，這個名字是紀念南通教育家顧怡生的。站在怡橋之上駐足四顧，無不水面遼闊。我說：「有人說，南通是東方的威尼斯，其實威尼斯的水面不及這兒開闊，城市也不如南通寬鬆，在這一帶你們可以看得很清楚。」一位老人說：「是的，威尼斯我去過。」因此我說：「說威尼斯是西方的南通，這才合乎道理。」兩位老人笑了，說：「是的，誰不說俺家鄉好。」我說：「這話不錯，揚州瘦西湖很美，但是它偏於城市西北角。杭州的西湖更美，但是它在市區的西面，好像挺著大肚子。水域的佈局倒是南通有『水包城，城包水』這種結構的特點。」

再向西數百步，濠河的河岸下，有百米的大型浮雕群，題目是費孝通先生題寫的「強國夢痕」，系統介紹了張謇先生「父教育，母實業」的業績，南通被後人譽為「近代第一城」。細心看看，浮雕群中反映了張謇先生引進各方面的人才，包括國學大師王國維，京劇表演藝術家梅蘭芳、歐陽予倩，荷蘭的水利專家特拉克，韓國的大詩人金滄江等。特別令人注目的是他請來了胡適和胡適的老師美國哲學家杜威。

近些年來，到此的專家和思想者無不對此有特別的關注，查問胡適在南通有什麼活動？杜威是否宣傳了他的哲學思想？張謇「教育救國，實業救國」的改良主義思想是可以溯源於胡適的哲學思想的。現在我們已經把胡適的作品作為中學教材，教育我們的下一代，出版了他的全集。走上岸來，即是濠南別業。這是張謇的別墅，為百年前的西式建築，頗為典雅。旁邊有張謇和梅蘭芳相聚時的銅像。遊人常常以他的故居為背景，與他們兩位合照，體型相似，十分親切。

再向西百餘米，到了長橋。二十多年前在改革的浪潮中，這個橋曾被改名為「中遠橋」，因為中遠公司做好事，花了些錢修復。改名之事曾經在報紙上熱議，觀點不一，最近名字又改了回來。我說：「這個橋大有文章呀。這是南通城南門的大橋，當年東門是東吊橋，西門是西吊橋，都是一米多寬的木板子，早晨放下去，傍晚吊起來。南通沒有北門，那邊水面遼闊，當時還沒有力量在那兒造橋。南門的這個橋是巨石砌成，相比之下是偉大的工程啊。」不僅如此，這裡邊有著陳實功的故事。他是明朝的外科學家，他集當時外科學之大成，著有《外科正宗》一書，為醫學界所推崇。

特別是他首先在這個書中對醫務工作者提出了「五誡十要」，被國際醫學界認為是人類最早的醫德法典。而他的麻醉術也遠遠前於西方，國外的《百科全書》都對他有高度的評價。他應邀去給蘇州一位撫台的母親看病，治癒後，拒絕重禮，最後說：「實在要謝，你就給我們南通修個橋吧。」長橋因此而誕生。蘇州撫台同時送了一個匾，上書「醫德長存」，長橋因此而得名。百年間，世間又盛傳「南通長橋不長，杭州斷橋不斷」，各有美麗的傳說。「斷橋」一景為「斷橋殘雪」，向陽的一面首先融化，遠遠看去好像橋斷了。而長橋確實不長，但卻是南通歷史文化的載體。橋之西的小樹林中，有陳實功的塑像一尊，那是一個精美的藝術品，塑像底座上還刻著他所作的一首詩《後山閒步》，詩云：

遊山不同徑，歷險自攀登。
憩足危石上，探險走曲溪。
鳥聲村落外，樹影夕陽西。
席地共長嘯，煙霞滿袖攜。

如果說張謇是國家級的歷史人物，而陳實功是人類發展過程中，世界級的歷史人物，這是國際公認的，南通值得自豪。

再向西，沿濠河之濱不足百米，有一「繡園」，這是張謇當年所辦的女紅傳習所，即通繡的發源地（中國有蘇繡，通繡，湘繡等流派）。進得繡園，你不僅可以看到當年沈壽所獲得的巴拿巴博覽會金獎作品，而且可以看到最近美國總統奧巴馬來華，和胡錦濤站在那兒看我們送給他的全家合影的繡像作品。

繡園的東側有張謇故居，現在是一個紀念館，裡面的一草一木也大可一看。有思想者看了，發出感慨：中國的路，應是革命還是改良，很值得思考。

百步之內有趙丹故居，保持著百年前的原汁原味，附近還有他街頭獻藝的雕塑：他坐在那兒拉胡琴，旁邊有一隻小狗，還有一個少女拉著自己的長辮子在歌唱。這樣對生活進行寫實的街頭雕塑不多呀，使人感到親切。趙丹的夫人黃宗英在上海給我說：我要專程去看看這個雕塑。

河的對岸是五星級的飯店「有斐館」，這是個百年老店，當年不過是三排平房，但卻是南通最早的旅遊設施。飯店為什麼叫有斐？張謇給它取的名字源於《詩經》，曰：「有斐君子，如切如磋，如琢如磨。」是歌頌前來的旅客們都是謙虛地互相學習，互相友好的君子。這是對旅客的讚頌和祝願，也反映南通人的品味。我告訴他們，今天南通精神概括為八個字「包容會通，敢為人先」。包容精神和胡適、蔡元培、竺可楨的思想是一脈相承的。

漫步在這短短不到兩公里的濠河之濱，好像就看到了真正的南通。過去有同志到南通來，因為工作匆匆離開，告別時我總是說：「希望你再來，你還沒有看到真正的南通，這兒可看的東西不少。」

二〇一二年十一月二十九日

臺灣
之旅

回望大陸
——旅台散記

古詩含有哲理，曰：「不見廬山真面目，只緣身在此山中。」過海峽，到了臺灣，回望大陸，就看得清楚一些，因為有了參照，多了對比或聯想。在感情上也多了些繫念。平時這幾天，並不多想什麼。

多了一些人情味

飛機在台中著陸，算是入關了。辦手續時，發現口罩是可以免費自取的。其實，冷天已經過去，臺灣的空氣還好。我已經八十六歲，出發時最擔心的是想方便時不方便。廁所多，出人意外，八天之中只有一次為我停車。總是導遊提醒：「現在大家去『化妝間』（在臺灣廁所稱為化妝間似不太準確，大陸稱洗手間尚可。其實，還是稱廁所為宜）。」臺灣一是廁所多，二是都乾乾淨淨，三是沒有哪個廁所不是給你準備好了衛生紙。許多還美化一下，有的掛著小紅燈，或擺上花卉，有人戲稱：「出口和進口並重」。

我發現城鄉居民都稱當選的所謂總統馬英九為「小馬哥」，已成群眾性的習慣。大陸的客人站隊買棒棒糖，買四包送兩包。營業員把第五包放到你的提包裡時，總是說：「這一包是『小馬哥』送你的！」這話叫我這個大陸客一驚，這句話的鄉土情、人情味很濃。怎麼想出來的！

在台東和花蓮之間的路邊，有一個玉石店，琳琅滿目，如同一個玉石博物館。一個營業員介紹說：「你看這個作品，似一個打開的書頁，玉石上如同一幅水墨畫，宋楚瑜帶到大陸去把它送給了『濤哥』。」濤哥是誰？仔細一想才悟出來，他是在說我們的總書記。另一個櫃檯，營業員介紹兩個齊腰高的大瓶子，說是連戰送給「濤哥」的禮物就是它，含義是祝平平安安。

臺灣同胞稱我們的總書記為「濤哥」，稱馬英九為「小馬哥」，親切有餘，橫掃官場之氣，和中央電視臺那種天天是「梁山泊英雄排座次」反映出的等級觀念是大異其趣了。

在「總統府」門前

「總統府」三個字當然是要加引號的。瘋傳一位大陸客碰到馬英九，當面稱之為「馬總統」。回去之後，被請去訓誡一個月，也不知是否真有其事。我們怎麼能稱之為「總統」呢！雖然他是臺灣人選出來的。臺灣同胞稱他為「馬哥」，還加一個「小」字。臺灣各地都是如此，並不以職務相稱。

「總統府」前是一個很大的園林。在這兒，我看到了于右任先生（塑像），身材魁梧，美髯公也。他是國民黨元老。在我們的心目中，他是大書法家和詩人。對他的政治生涯不詳，晚年他那一首懷念大陸的詩，撼動兩岸人民的心扉。他說自己晚年越發有思鄉之情，他說一定要歸葬大陸。後事也不知道是如何處理的。

我給于老拍照，一個鴿子落在他的頭上，久久不去。我也只好拍下來再說。

意外的發現，正面有一個「白色恐怖政治受難者紀念碑」，呈臥式，好大呀！延伸處鐫刻有大量死難者的名字，幾位臺胞在那上面不知在尋找誰。碑所反映的是蔣軍入台之後，臺胞抗爭引發的「二二八」事件。上月（二月份），還有不小規模的群眾遊行，紀念這個日子。雖然這件事已有半個世紀過去了。

當政者居然認罪認過，同意豎碑，在經濟上一一賠償。這樣做似乎並沒有影響威信而幹不下去。相反，群眾從臺北至桃園跪送小蔣（蔣經國），那哀榮的盛況，超過當年十里長街送別周總理的場景啊。

歷史已經鑄成。今後難免有幾個類似的碑豎在天安門廣場，這是早晚的事情，因為人的良知不泯，有科學的正義的歷史觀，社會發展才能走上正路。

「你會對叔叔開槍嗎？」

走到這裡，感到中國當代史太沈重了。

內弟祥楠在臺北大學任職，戰時為蔣軍戰士，曾守衛金門。四十年後，來過南通，買了一捆毛筆帶回去，送給文友說是大陸的紀念，這是十多年前的事了。他的弟弟祥椿晚年是大陸如東縣一個農場的幹部，身材高大，曾是解放軍的機槍手，從北方打到南方，歷經數十戰役。我們曾為他「解放中國大地」而自豪，同時參軍的七十二個人，最後只剩下兩個。他說在山東大沙河一役，不期敵有暗堡，「半渡而擊」，大量戰友犧牲了，河水為之殷紅。兄弟倆分別四十年後，曾在我家相聚。祥椿的女兒問爸爸：「你在戰場上，如和叔叔面對，是否開槍？」這個問題太刺激了。祥椿斷然回答：「當然開槍！」戰爭就是這樣殘酷。金門之役我軍數千人全部犧牲，那是因為指揮員犯了不知潮汐規律的低級錯誤，船因退潮而擱淺，後續部隊無法到達。

兩個新名詞「拜票」和「謝票」

今年是許多國家的大選年，臺灣剛過此關。年初，沛璋老的賀卡，提到中山先生語：「時代潮流，浩浩蕩蕩，順此則昌，逆此則亡。」何方老說：「民主化浪潮已是第四波，還要化下去。」現在，任何地方的選舉活動，都成為各國所關注的地球村的風景線。

這一次，國民黨和民進黨鹿死誰手，一時頗為緊張。

導遊說：「在大陸的臺灣人，有二十多萬趕回來了，為了投這一張票。」

選情緊張，而秩序井然。

出現了兩個新名詞：一是「拜票」，競選者在民間奔走，向選民致意，拜託投我一票；一是「謝票」，馬英九當選之後，再到民間感謝選民的關懷和信任。

這一拜一謝，充分體現了「權為民所賦」。是「人民做主」，不僅是「為民做主」，這兩者當然是不同的。

計票的方法也叫人長了見識，以現代化的科技，兩個系統同時報告累計數量，最後是一樣，說明是準確的。這也是賽先生（科學）幫了德先生（民主）的忙。

什麼時候「拜票」和「謝票」這兩個詞，能進入大陸同胞的語言，成為生活中的景觀呢？臺灣的民主選舉，真正體現了民意，選舉過程的科學性，再次為全世界樹立了榜樣。

慈湖有感

專程去了桃園慈湖一帶的風景區，這一帶的風景都說好。（慈湖是老蔣為紀念他的母親命名的，人說如同奉化蔣氏的故鄉一帶。）只感到有層層的綠蔭，看到了慈湖中那肥大的黑天鵝、白天鵝，目睹了兩蔣的靈柩。兩個一模一樣的小院子，是簡易的平房，光潔沒有雕飾，棺木放在那，這就是幾十年間得悉的厝於桃園（桃園縣）。入土為安，還沒有安，要到什麼時候可以安呢？其實，我們的廖承志早有公開信給小蔣，說他的父親可以歸葬大陸，或在奉化，或在南京，或在廬山，說得這樣具體，後來又沒有這種氣候了。

歷代帝王登基之日，就開始營造自己的墳墓。駕崩即入土。蔣氏父子，還有毛氏至今未入土，一晃數十年，他們仍未能安，這不是個人不要安，而是國家不安，世事不安。

蔣氏想著的是歸葬大陸，不安於在台，如同于右任先生的還鄉之想。是一個中國呀，這也是好事，放在這兒等等再說吧。

想到毛澤東放在天安門廣場，不知放到何日。其實這有違他個人的旨意。他被利用著，不知利用到何日。

這並不是小事，不可小覷。

蔣未入土，是民族內部矛盾的反映。

毛未入土，是一個黨政治品質的使然。

老蔣和小蔣

到了慈湖，我向小蔣表示了敬意，這也不僅是逝者為大。

從民族歷史的演進來看，偉人一個是鄧，一個是小蔣。鄧把社會轉向以經濟建設為中心，不管「姓資姓社」了。趙紫陽說：「我們幹的實際上是資本主義。」即把先進的生產力引入。社會生產力創造了五千年來前所未有的發展速度，生產工具從釘耙、鋤頭，鐮刀變成了機械化。當然，農民從「吃不飽」變成「吃不了」。小蔣把社會從專制體制推向民主體制，過這一關不容易，劃時代的創舉！國人常說這一訴求是「與虎謀皮」。他卻斷然廢除了報禁和黨禁，這需要何等無私的情懷和政治的勇氣。他自己也說：「使用權力容易，難就難在曉得什麼時候不去用它。」在他來說，「無為」是最大的「為」了。「不為」實際上是托起了歷史的閘門，讓中華民族沖閘出關，跨上了憲政新路。有論者說：「他在生命的晚秋，放手塑造了中國現代史上成功的光輝路標。」這個「路標」以他的名字命名。

老蔣其人，複雜了。蔣家王朝（一九二七—一九四九）二十二年，許多革命者為推翻這一王朝獻出了青春歲月，甚至是自己的生命。在桃園，老蔣靜靜地躺在那個平房裡，牆上有一個不大的照片，棺木前是一個十字架。他是一個基督徒。此時此刻，面對老蔣，想到難忘的兩件事，在心中訴說：

一、我出生在一九二七年，那年你發動「四．一二」，大量共產黨員和革命群眾倒在血泊中了。我的父親，史書稱他「掛冠而逃，遁跡山林」，躲過這一劫。他是國共合作的北伐軍委任的泰興縣長，當時他以三百大洋支持了農民領袖沈毅。

二、二十多年之後，你在逃離大陸之前，又進行了一次「八．二六」大逮捕。這是你在大陸的最後行動了吧。他的兒子——我，又上了你的黑名單，成了你重點追捕的對象。有《煉獄》一書記其事，江澤民，喬石，吳學謙都題了詩詞。當年是致力於「倒蔣」，爭取解放全中國。地下黨及時通知轉入地下，黨安排交通站送我們一家三口。我和妹妹，未婚妻前往解放區，也是躲過了你所製造的一劫。當時如被你逮捕，可能已經血濺雨花臺。你殺的人還少嗎。可是現在我還站在這裡，你卻睡在這裡已經很久了。

六十年過去了，歷史圖畫更清晰地展現出來，如果把蔣和毛放在歷史的天平上稱一稱，可以清楚的看到他們的異同，這是無可奈何的。歷史老人作出這樣的評說：

一、暴力奪權或維權，一般是殺人。蔣殺人，毛也殺人。只是區別在於毛殺了太多自己人，還殺一些功臣，數量太多了，這是因為他繼承了史達林的做派。這成為二十世紀突出的事情。

二、在民族戰爭中，蔣是愛國的，為民族贏得了光榮，當然犧牲也大。毛把奪權放在第一位，覺得是成功的策略。話就不好說了。

三、蔣對過錯有懺悔之意。毛是不認錯的，因此錯誤越來越嚴重，直至終年。

四、蔣的土改，做到了「耕者有其田」，直到今天臺灣農民的生活和城市人口的生活並沒有區別。而毛的土改，是虛晃一槍，農民最後作為公社社員，連一點分配權也沒有，致有小崗村農民的血書。農民沒有私產，也就喪失了人權的物質基礎。兩種土改是兩重天。

五，總體上看，兩岸當年在經濟上人均懸殊太大，是人為的政策所致。

「團團」和「圓圓」

短暫幾天的旅遊，臺胞多次提到大陸送來的熊貓「團團」和「圓圓」，可見都很關注它們。熊貓起了傳遞友情的使節作用。到達一個少數民族部族，看他們的歌舞表演，最突出的印象是這個民族只有二百八十三個人了。他們說，我們的人，還不如「團團」「圓圓」在四川的家族。臺灣當局為了鼓勵生育，搶救這個民族，每生一個孩子獎勵六萬元，另外還有許多的優惠。我到阿里山下，在一個茶農家裡逗留，他們熱情相待，特地為我加了一個菜，排骨燒竹筍。孩子們就說：「這是『團團』『圓圓』最歡喜吃的，也請您老人家享受國寶的待遇。」可見大陸的熊貓，進入了他們的生活，也可能他們根本沒有能夠去看看熊貓。

這次大選，國民黨勝出之後，作家龍應台出任類似文化部長的職務。那兩天她回鄉，家鄉人放鞭炮歡迎。我問一個山村的小夥子，他剛從部隊復員回來。「你知道龍應台其人嗎？」小夥子說：「當然，我讀過她的一些文章。她有思想，會寫。」她的文章在大陸也有廣泛的影響。記得她也談到「團團」「圓圓」，那是另一個角度。她說：「比較起來，臺灣人在乎的還不是『團團』『圓圓』，而是當局如何對待《冰點》（中國青年報的一個副刊，曾因為一篇文章被停刊，後來又復刊了），她說要看文人有多少言論自由。」這才是臺灣人在乎的。她甚至說：「我是愛國的，但是我怎麼樣才能愛得起來呢？」她從臺灣發出的聲音，具體支持大陸人民對憲政民主的訴求。

一個文化共同體

兩岸是一個文化共同體，從來沒有人能建立起文化上的「柏林牆」。一個北方人到南方聽不懂廣東話、客家話，對吳語也聽不懂。過去上海人到南通也聽不懂南通話，這兒是一個「語言島」。但是我們到臺灣，沒有碰到任何語言障礙，普通話都講得好，這真是奇蹟，隔著個海峽啊。這是教育工作創造的成績嗎？文字一邊是繁體，一邊是簡體，但都是方塊字，象形字，中國字。我說，這有點「九二共識」的精神。

民間所崇尚的精神載體是一樣的。彌勒佛在大廟裡占著最突出的位置，比內地還要突出，在家庭裡，在商店裡，都可看到他。這是一個寬容大度的祥和的形象。在一個農民家中供奉著關雲長。內地許多地方也有關帝廟。我的家鄉就有和孔廟（文廟）相對稱的關帝廟（武廟），還有一個小的南關帝廟，這是我們民族對「義」的張揚，崇尚「義」的精神，經過文革，現在都沒有了。

在臺灣，看到文化積澱相對豐厚，從一些博物館的收藏，工藝店的製品，甚至家庭的積累，都可以看出來。那兒畢竟沒有過「文革」的破壞，沒有過對物權法精神否定的對私改造，沒有公社化對分配和人身自由的否定。日積月累，總留下一些自己歡喜的東西。

走向經濟共同體

導遊熱情，安排照顧得很細緻。行車時，不斷「上課」：講地理、講臺灣的地理結構；講歷史，講臺灣的沿

革。在地理上，臺灣是大陸的屏障。阿里山比泰山高，阿里山高兩千多公尺，這樣的山峰有二十多個，泰山只高一千五百公尺。千千萬萬年，臺灣抵禦著東南的季節風和潮汐的沖刷。而他的政治歸屬，臺灣人又承受了太多的苦難。提到「日本」，導遊總是加一個「小」字，有感情色彩，它統治臺灣五十年。

導遊一再講，臺灣兩千三百多萬人，有兩百萬到了大陸，一百萬左右到了越南、東南亞一帶謀生。兩岸相依存的互補性，是在大步地融為一體。「人往高處走，水往低處流」，這是不可逆轉的趨勢啊。就我途中看到的情況來說，各省都有旅遊團到達。購物點裡大陸客人如潮湧，有錢的不少。鑽石貴，也有不少人買，要送給親人，留給子孫，認為是一個機會。群體性的心理效應，也起很大的作用。食品當然也要帶一些回去，一盒鳳梨酥三百四十元新臺幣，我看比內地貴很多。帶回去送人，是從臺灣帶來的，不僅是送這個東西，而且是送感情，價錢也就不計較了，而且還要多買。帶不了店裡幫助打包托運，服務很好。

臺灣的報上說，四月份（下月）要開始開放自由行，就是不一定隨團同進同出，當然會有更多的人擁來，臺灣市場就更不愁吃不飽了。導遊也對旅客誠信，總是提醒，有些東西都是大陸產的，就不一定買了。同時臺灣的資金也大量流入內地。

臺灣作為中國的一個省，如何分得開呢？兩岸的統一，經濟上走在前面了。

電視上的兩個明星

在台數日，一天住一個地方。旅店標準相當於大陸的三星級或四星級，伙食尚可，早上的自助餐更受到歡迎。晚上也看看電視，五十五以上的頻道新聞節目比較多。

這幾天看到兩個電視明星。一個是林書豪，一天有他的六七條新聞。他繼姚明之後，成為球星，是華裔的光榮，馬上要來臺灣，臺北市看球的門票立即賣光了，一時成為新聞的熱點。一個是薄熙來。二十一日晚，電視臺請了四位嘉賓，長時間地座談其人其事。故事驚心動魄，如同好萊塢的警片，但是四個人的分析、觀點卻有不同，這是內地傳媒不可能有的現象，因為政治觀念總要保持一致嘛。問題在於大陸之外，包括臺灣的窮鄉僻壤，這樣的事情是盡人皆知的了。大陸人通過主流媒體還不可能瞭解得這樣清楚，只知道一點告訴你的東西。有一些重大的是非問題，老百姓幾十年後也搞不清楚。

臺灣的真正亮點

臺灣山川秀美，物產豐富，人民殷實，可看的景點許多，只是不及細看而已。但她真正的亮點還是臺北的「國父紀念館」。那裡是臺灣的靈魂，也是中華民族幾百年形成的政治理念的制高點。

中山先生端坐在高臺之上，兩側有軍人警衛。導遊一再說，警衛人員正點的換崗儀式是一定要看的。從臺灣回來的朋友也提醒，別忘了看「國父紀念館」的換崗，那是一套軍操動作，威武瀟灑。警衛要站一小時，這一小時如同木雕、蠟像，許多人看去都不相信是一個真人。睜著大眼，眼皮也不動，有點可怕。

隨著時間的推移，中山先生的歷史地位越來越清楚了。他就任臨時大總統的那天，報紙上是兩條新聞，其中一個題目是他要啟動建設社會主義。他早已致函馬恩創建的「第二國際」，說請幫助我建設一個中國式的社會主義國家。在「十月革命」前，他就兩次親赴歐洲布魯塞爾爭取援助，那兒是「共產國際」的總部。中山先生「平均地權，節制資本」的社會主義理念，得到「共產國際」的高度評價。

中山先生是率先引進社會主義思想的第一人。他又是與時俱進的，「十月革命」給他很大鼓舞。他說「以俄為師」，後來看看那兒的情況，又說社會主義不應該是恐怖的嘛。

中山先生率先引進了西方的政治理念，把「自由，平等，博愛」這些普世的觀念引入中國的政治生活。他東西結合，立足中國，形成了他的「三民主義」。一九三八年，毛澤東說：「『三民主義』為中國所必須，我黨願為其徹底實現而奮鬥。」我們知道後來他是「一邊倒」了。

中山先生是最早注意社會的效率和公平問題並認真加以思考的。他的「節制資本」，是承認資本而又限制資本。他的「平均地權」，是要使「耕者有其田」。從幾十年的實踐來看，這仍然是一個救國的綱領。總之，中山先生有學貫中西的思考、與時俱進的思想和偉大的人格。作為一個當代的政治家，他雖然已經在一九二五年逝世，但他的理想仍然具有現實意義。他是民族的瑰寶，把他的像放在天安門廣場是當之無愧的。更不用說他是兩岸統一的思想基礎和旗幟。只是這一天不知什麼時候可以到來。

二〇一二年三月二十九日

在阿里山農家作客

四十年前，大陸就流行一支歌：《臺灣同胞我的骨肉兄弟》。其中有：「日月潭碧波在心中蕩漾，阿里山林濤在身邊迴響」之句。

二〇一二年三月，有臺灣之行，我不僅到了日月潭，而且到了阿里山林區的深處。導遊說：「前邊還要步行兩小時，穿越林帶，而後還要攀緣上山，山很高呀。我看你老別去了，年紀大了，走不動呀！」

如果去，可能是拖累大家。導遊把我介紹給一家茶農，說：請你們關照。這天，是我這次臺灣之行唯一離隊的一天，得以和臺灣農民一塊生活，這也很好。

主人姓鄧，名友仁。他的小女兒風趣地說：「你在衛生間裡，有人敲門，你怎樣回答？一定是說『有人』。我爸就叫友仁。我說，「你這一講，你爸的名字，我永遠不會忘記了。」

鄧家是典型的茶農。茶林在一千米以上的山間。到了春季，請四五十人去採茶。採回來自己加工炒作，自產自銷。鄧先生告訴我，他的夫人正在炒茶，「故未能前來迎啊，很抱歉。」他太客氣了。

他邀請去客廳品茶，在裡邊小坐。裡邊的氛圍並不是農家的味兒，擺設高檔，收藏甚豐。牆上是些字畫，有許多木雕、石雕藝術品。有觀音大士，有彌勒佛。一尊關雲長的大型雕像特別引起我的注意。神態威武，刀功細緻，佳作也。聯想到我的家鄉南通，過去西大街有大關帝廟（即武廟），與東大街上孔廟（即文廟）相並列。城南還有一個小關帝廟。關羽成為神，說明我們這個民族在張揚一個『義』字。這證明臺灣阿里山深山處的山民和大陸人民的思想也是相通的。

鄧先生告訴我，他有二子，二女，都大學畢業了。長子（大學畢業要服兵役一年，因為在校已有一月軍訓，扣除一個月。）剛好服兵役回來，次子目前還在部隊服兵役，兩個女兒都在家，參與經營這個家業。

鄧家的房子有七八間，都是木質結構的平房，沒有圍牆。前庭和左右有美化的設計，林木花卉甚佳。一側有木質的向陽的長廊。時正陽光和煦。我看得出，他們各有各的事，我跟鄧先生說：「你們忙吧，讓我在這走廊裡曬曬太陽。」那兒正好有一個躺椅。

我在那兒，沐浴阿里山的陽光。鄧先生跑去搬了一張小桌子，放在躺椅旁，又跑去倒了一杯茶，放在桌上，然後跑去拿來一個水瓶後走了。

我在那兒睡著了，不知睡了多長時間。醒來時，他的小女兒送過來一種叫作「釋迦」的水果。她切好放在一個盤子裡。後來知道這是臺灣的特產，是一種無以形容的，沒吃過的很好吃的東西。一刻，她的姐姐經過這兒，放兩根香蕉在桌上。示意，這是給你吃的。你要吃呀！過一刻她們的母親來了，沒說什麼，放下一杯剛剛爆炒的玉米花，微笑著在我的杯子裡加點

在台灣農家

茶，也匆匆走了。

在他們看來，一位來自大陸的蒼然白髮的老人，來到自己家裡，坐在房前，是要休息。不打擾他，不多言語，給予關懷，都很親切自然。

到吃飯的時候，一個孩子來請。我本想一定會和他們一塊進食。不然，中餐是「自助」形式，因為各有各的工作。分食，時間自定。吃什麼自選。原來，這個家庭是一個有分工的勞動者之家。老太太問我主食是吃鹵肉飯，還是吃麵條。她要給我拿。我說：「都可以，麻煩你們了，隨便吃點吧！」

這時，我想到一個詞語：「取給於路」。這是說唐朝開元盛世時，旅行者在路上，都有人招待飯吃的。現在，我到了阿里山林區，山民也是自然地招待我吃飯。我也無從客氣了。

上午，我休息得很好。中午，他們都不午睡，有了暇時，來和我這個不速之客攀談，還有鄧家的兩位表親。可能覺得，一個大陸客，如此長時間在家裡逗留的不多。不免問長問短。

我想，這也是我臺灣之行，深入接觸臺灣人的機會，便也主動提些問題請教。

「大陸去過嗎？」都說「沒有」。我說「應該去呀！去看看才知道祖國有多大呀，光看地圖不行呀。」

「最近你們大選，山裡人也去參加選嗎？」

「當然，我們家都有選舉資格，都去投了票。」

「選誰？馬英九，還是蔡英文？」

「我們都選小馬哥。」臺灣人都叫馬英九為小馬哥。

「為什麼選他呀？」

「當然嘛！」

這個問題不需要回答了，這決定於他的對大陸的政策，這給臺灣人民帶來了實惠。

我發現這些年輕人文化水平都很高。就問：「你們知道龍應台這個人嗎？」

「當然」鄧家長子說。「我歡喜讀她的文章，現在她當了文化部長了。她雖是有思想，會寫文章。可是我們還不知道她的行政能力如何。看看再說吧。」

在談話間，他們的平民意識就會體現出主人意識。這是官民關係，政治文化最深刻的表現。

那兩天，臺灣電視上的明星，一個是林書豪，一個是薄熙來。他們議及。也問到我。我說：「林書豪是華裔的光榮。中學時我就喜歡打籃球。我的一個理想就是在自己的院子裡將來裝上籃球架子。當時生活困難，那是抗日戰爭時，打籃球是赤腳上場，沒有鞋子穿。」前天上午，電視上關於林書豪就有六條新聞，每場球都詳細介紹。聽說他馬上到臺灣來了。昨晚的電視上有四位嘉賓，長時間座談薄熙來。如同警片故事，驚心動魄。現在不論好事壞事都傳得快。

我發現，他們身居山林，知情甚多，心繫天下，真是到了資訊時代。

在臺灣，物質條件，精神生活，城鄉是沒有區別的。這家有三輛小汽車，一輛工作車。孩子們開車出出進進，不知忙什麼。

談話間，我拿出帶的照相機，給他們拍照。沒有想到，年輕人興致盎然，或是出於禮貌，一一要和我這個老頭合影。非常熱情。

到了上工時候，他們都走了。鄧先生陪我到南邊去看他的椰子林和檳榔園。介紹些家裡經營的情況。我說，「你們潛力還大呀，大陸的市場可觀。」

他說：「不，不，我不擴大經營了。我的茶園就這樣大，守住質量即可。」

很快又到吃晚飯的時候，夫人先端上一盆排骨燒竹筍。一個女兒介紹說，「這是團團、圓圓（大陸送的熊貓）最喜歡吃的。」另一個女兒說：「這是特為你老加的一個菜」。戲稱「特別請您老享受國寶級（指熊貓）的待遇！」鄧先生批評女兒：「你胡說什麼！」女兒伸伸舌頭。仔細一看，那盆裡的竹筍都是細而長的竹筍芽兒，最嫩的，最新鮮的，當是山間的上品。真不好意思。

晚飯後，天色漸晚，上山的人還未歸來。鄧先生又邀請去他的房間休息。看到這位農民房裡的文化品味，堂上是「捨得」二字。對聯是：

「生來麗似春花
老當美如秋月」

與農家小姑娘合影

這是一位阿里山茶農的品位和追求。

二〇一二年三月三十日

後記

旅遊的樂趣

我到六十歲才開始有旅遊的概念，還是結合著探親訪友進行。年輕時發生抗日戰爭，日寇打來，只有逃亡的份兒，談不到旅遊。後來發生內戰，同樣是血流成河，所謂「國破山河在，感時花濺淚」，哪裡還談什麼旅遊啊。建國之後，還是封閉狀態，也限於貧困，缺乏旅遊的基本條件。改革開放之後才逐步有所走動，這才感到旅遊也是一種學習，所謂「讀萬卷書，走萬里路」。古代的學問家司馬遷、蘇東坡等無不是旅行家。

近二十年，在各地走走，感到「走萬里路」的重要性，百聞不如一見，耳聽是虛，眼見是實。當歷史加上一個「書引號」時，常常變了味道。這是由於當政者的需要，和作者由於某種利益而一葉障眼。正史如魯迅所說：「正史塗抹太多，看不到真的面目了。」但歷史老人在中華大地上留下了他的足跡，我們完全可以接踵前往，到現場看看真實的情況。旅遊不僅可以去欣賞、品味祖國的壯美河山和瞭解民族的風情，同時還難免碰到許多歷史問題需要思考。例如，人們常常稱「黃土高原」，的確水土流失十分嚴重，到黃陵一看，那兒巨木環抱，證明過去的西北是林木茂盛的，所以黃河才能成為中華民族的母親河，是不肖子孫破壞了自然生態。特別是「大躍進」，對祖國大地林木的破壞超過歷史上的總和。而「治黃」的方針，由於專制主義拒絕科學的理念，後果嚴重。改革開放後，退耕還林，西北地方的山巒才開始披上了新的綠裝。再例如，到陳勝、吳廣起義的大澤鄉看看，認真思考，你會發現司馬遷的《陳涉世家》對中國這一最早的農民起義有真實的、全面的記敘，它談不到什麼進步性，而是創造一個新的、更加殘暴腐朽的王朝。你也會想到馬克思的《中國紀事》，證明太平天國運動並不是什麼革命運動，而是妖魔和災星，它給人民帶來的災難遠遠超過他們反對的清廷，這對某些革命史論當然是具有顛覆性的。有什麼辦法呢？這樣的事太多了，所以說歷史都是「當代史」，所以說「盡信書不如無書」。

旅行就是閱讀一本巨大的書，它確實是真實的、實實在在的。我也曾到達臺灣，特別到桃園去看望過兩蔣。在老蔣的陵前，我心裡說：你在離開大陸前，曾有一次大逮捕，我是被追捕的對象，沒有想到今天能來看你，陰陽相隔許多年了，真是世事難料。當然我也看了小蔣，我向小蔣表示了敬意，心裡想：中國目前正需要一個你這樣的人，使社會能順利走過「歷史的三峽」，可惜你現在不能再發揮這個作用了。很有意思，能產生這樣的感懷，這也是旅行的樂趣。

二〇一三年一月

全文完

史地傳記類　PC0351

讓歷史訴說
——一個老共產黨員的行腳觀點

作　　者 / 丁　弘
主　　編 / 蔡登山
責任編輯 / 邵亢虎
圖文排版 / 王思敏
封面設計 / 陳佩蓉

發 行 人 / 宋政坤
法律顧問 / 毛國樑　律師
出版發行 / 秀威資訊科技股份有限公司
114台北市內湖區瑞光路76巷65號1樓
電話：+886-2-2796-3638　傳真：+886-2-2796-1377
http://www.showwe.com.tw
劃撥帳號 / 19563868　戶名：秀威資訊科技股份有限公司
讀者服務信箱：service@showwe.com.tw
展售門市 / 國家書店（松江門市）
104台北市中山區松江路209號1樓
電話：+886-2-2518-0207　傳真：+886-2-2518-0778
網路訂購 / 秀威網路書店：http://www.bodbooks.com.tw
國家網路書店：http://www.govbooks.com.tw

2013年10月　BOD一版
定價：370元

國家圖書館出版品預行編目

讓歷史訴說 : 一個老共產黨員的行腳觀點 / 丁弘著. -- 一版. -- 臺北市 : 秀威資訊科技, 2013.10
面； 公分. -- (史地傳記類 ; PC0351)
BOD版
ISBN 978-986-326-190-2 (平裝)

1. 遊記 2. 中國

690 102018802

讀者回函卡

感謝您購買本書，為提升服務品質，請填妥以下資料，將讀者回函卡直接寄回或傳真本公司，收到您的寶貴意見後，我們會收藏記錄及檢討，謝謝！
如您需要了解本公司最新出版書目、購書優惠或企劃活動，歡迎您上網查詢或下載相關資料：http:// www.showwe.com.tw

您購買的書名：________________________________

出生日期：________年________月________日

學歷：□高中（含）以下　□大專　□研究所（含）以上

職業：□製造業　□金融業　□資訊業　□軍警　□傳播業　□自由業
　　　□服務業　□公務員　□教職　□學生　□家管　□其它_____

購書地點：□網路書店　□實體書店　□書展　□郵購　□贈閱　□其他

您從何得知本書的消息？

□網路書店　□實體書店　□網路搜尋　□電子報　□書訊　□雜誌
□傳播媒體　□親友推薦　□網站推薦　□部落格　□其他________

您對本書的評價：（請填代號　1.非常滿意　2.滿意　3.尚可　4.再改進）

封面設計____　版面編排____　內容____　文／譯筆____　價格____

讀完書後您覺得：

□很有收穫　□有收穫　□收穫不多　□沒收穫

對我們的建議：________________________________

____

____

____

請貼
郵票

11466
台北市內湖區瑞光路 76 巷 65 號 1 樓
秀威資訊科技股份有限公司 收
BOD 數位出版事業部

（請沿線對折寄回，謝謝！）

姓　　名：＿＿＿＿＿＿＿＿＿＿　年齡：＿＿＿＿　性別：□女　□男

郵遞區號：□□□□□

地　　址：＿＿＿＿＿＿＿＿＿＿＿＿＿＿＿＿＿＿＿＿＿＿＿＿＿＿

聯絡電話：（日）＿＿＿＿＿＿＿＿＿＿（夜）＿＿＿＿＿＿＿＿＿＿

E-mail：＿＿＿＿＿＿＿＿＿＿＿＿＿＿＿＿＿＿＿＿＿＿＿＿＿＿